青年学者文丛

# 闭环供应链协调与激励机制研究

邢光军 著

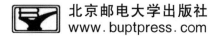
北京邮电大学出版社
www.buptpress.com

## 内容简介

本书主要介绍了供应链社会责任理论与管理框架、闭环供应链理论基础，分析了考虑初始投入的闭环供应链回收渠道决策、回收品具差异的两阶段混合生产决策、产品具替代性的再制造生产与定价决策、基于制造商产品批发价和利润分配系数的闭环供应链利润共享决策、具有随机需求和缺货损失的闭环供应链利润共享决策、基于 Nash 协商模型和回购契约的闭环供应链利润共享决策、基于柔性订购契约的闭环供应链利润共享决策，并进行了青岛天盾闭环供应链运作模式案例分析、桑德企业再制造闭环供应链协调和激励机制案例分析，力求从理论与实践两个方面进一步丰富对闭环供应链的研究。

本书面向闭环供应链研究者，企业、政府相关人员以及对闭环供应链领域感兴趣的读者，旨在进一步丰富闭环供应链理论体系，为闭环供应链研究和实践提供借鉴。

### 图书在版编目(CIP)数据

闭环供应链协调与激励机制研究 / 邢光军著. -- 北京：北京邮电大学出版社，2022.6
ISBN 978-7-5635-6668-6

Ⅰ. ①闭⋯ Ⅱ. ①邢⋯ Ⅲ. ①供应链管理—研究 Ⅳ. ①F252.1

中国版本图书馆 CIP 数据核字(2022)第 103822 号

策划编辑：姚　顺　刘纳新　　责任编辑：姚　顺　谢亚茹　　封面设计：七星博纳

出版发行：北京邮电大学出版社
社　　址：北京市海淀区西土城路 10 号
邮政编码：100876
发 行 部：电话 010-62282185　传真 010-62283578
E-mail：publish@bupt.edu.cn
经　　销：各地新华书店
印　　刷：唐山玺诚印务有限公司
开　　本：720 mm×1 000 mm　1/16
印　　张：10.5
字　　数：168 千字
版　　次：2022 年 6 月第 1 版
印　　次：2022 年 6 月第 1 次印刷

ISBN 978-7-5635-6668-6　　　　　　　　　　　　　　定价：46.00 元

・如有印装质量问题，请与北京邮电大学出版社发行部联系・

# 前　言

随着经济和生活水平的快速提高,制造业作为国民经济的物质基础和产业主体,生产技术不断提升,规模不断扩大,一方面创造了前所未有的巨大财富,推进了人类文明的进步与发展,另一方面也带来了资源耗竭、环境污染及温室效应等一系列问题。我国已明确提出,二氧化碳排放力争于 2030 年前达到峰值,努力争取 2060 年前实现碳中和,即"碳达峰""碳中和",简称"双碳"。"十四五"规划要求加快推动绿色低碳发展,贯彻新发展理念,坚定不移走绿色低碳发展道路,实现碳达峰、碳中和是一场广泛而深刻的经济社会系统性变革。工业领域要推进绿色制造。

绿色制造已经成为制造业实现可持续、高质量发展的重要目标和发展范式。绿色制造模式是一个闭环系统,从设计、制造、使用一直到产品报废、回收,整个寿命周期对环境影响最小,资源效率最高,也即闭环管理模式。

闭环供应链管理内容丰富,涉及领域广泛。本书定位切合闭环供应链管理理论与实践,阐述了闭环供应链的概念、基本框架,研究了闭环供应链回收、生产、库存、利润分配等环节各参与者的生产决策。通过构造闭环供应链模型,考虑了初始投入对回收渠道的影响、回收品差异带来的影响、产品可替代性带来的影响,并进一步研究了闭环供应链的利润共享决策,包括基于制造商产品批发价和利润分配系数的闭环供应链利润共享决策、具有随机需求和缺货损失的闭环供应链利润共享决策、基于 Nash 协商模型和回购契约的闭环供应链利润共享决策以及基于柔性订购契约下的闭环供应链利润共享决策。在模型构建的前提下,分别进行算例分析,验证了模型的有效性和可行性。最后,分析了两个实际案例:青岛天盾闭环供应链运作模式案例和桑德企业再制造闭环供应链协调和激励机制案例,探究二者成功的原因和相应的做法。

感谢池蕴珂、罗坤晔、杨重庆等,她们为本书的编写作出了重要贡献;感谢江苏省社科基金对本书的资助。

由于作者水平有限,见解浅显在所难免,不当之处恳请读者批评指正。

作 者

# 目 录

**第1章 引言** ········································································ 1

  1.1 研究背景 ································································· 1

  1.2 研究意义 ································································· 3

  参考文献 ······································································ 4

**第2章 供应链社会责任理论与管理框架** ······························· 5

  2.1 供应链管理及供应链社会责任概述 ································ 5

  2.2 供应链社会责任管理驱动力 ········································ 7

  2.3 供应链企业社会责任管理与闭环供应链管理 ·················· 8

  参考文献 ······································································ 9

**第3章 闭环供应链理论基础** ·············································· 11

  3.1 闭环供应链的概念与一般结构 ···································· 11

  3.2 闭环供应链管理的基本内容 ······································· 14

    3.2.1 闭环供应链系统的回收模式与网络 ························ 14

    3.2.2 闭环供应链的生产管理 ······································· 18

3.2.3　闭环供应链的库存管理 ………………………………………… 20

　　3.2.4　闭环供应链利润共享与契约协调机制 …………………………… 22

参考文献 ……………………………………………………………………………… 27

## 第4章　初始投入的闭环供应链回收渠道决策 ………………………… 39

4.1　引言 ………………………………………………………………………… 39

4.2　回收量与回收价非线性正相关情形下的闭环回收模型 ……………… 40

　　4.2.1　模型描述 …………………………………………………………… 40

　　4.2.2　初始投入系数相同的闭环供应链模型 …………………………… 41

　　4.2.3　初始投入系数不同的闭环供应链模型 …………………………… 49

4.3　回收量与回收价非线性正相关情形下的闭环回收模型结果讨论 …… 50

　　4.3.1　回收量与回收方利润关系分析 …………………………………… 50

　　4.3.2　回收量与回收价非线性正相关情况下不同回收渠道的比较 …… 51

　　4.3.3　初始投入系数对回收渠道选择的影响分析 ……………………… 51

4.4　算例分析 …………………………………………………………………… 52

　　4.4.1　初始投入系数相同情况下的利润参数敏感性分析 ……………… 52

　　4.4.2　初始投入系数不同情况下的利润参数敏感性分析 ……………… 53

## 第5章　回收品具差异的两阶段混合生产决策 …………………………… 58

5.1　引言 ………………………………………………………………………… 58

5.2　制造商与再制造商两阶段混合生产决策模型 ………………………… 59

　　5.2.1　问题描述 …………………………………………………………… 59

　　5.2.2　生产决策模型 ……………………………………………………… 61

5.3　制造商与再制造商两阶段混合生产决策模型结果讨论 ……………… 65

　　5.3.1　新产品在两阶段的定价比较分析 ………………………………… 65

　　5.3.2　新产品在两阶段的生产量比较分析 ……………………………… 66

　　5.3.3　价值折扣对新产品/再制造产品定价、生产量的影响分析 …… 67

|   |   | 5.3.4 回收率对新产品/再制造产品生产量的影响分析 | 68 |
| --- | --- | --- | --- |
|   | 5.4 | 算例分析 | 69 |
|   |   | 5.4.1 新产品定价、再制造产品生产量对价值折扣的敏感性分析 | 69 |
|   |   | 5.4.2 新产品和再制造产品生产量对回收率的敏感性分析 | 71 |

## 第6章 产品具替代性的再制造生产与定价决策 … 74

| | 6.1 | 引言 | 74 |
| --- | --- | --- | --- |
| | 6.2 | 模型描述 | 77 |
| | 6.3 | 生产与定价决策模型 | 78 |
| | | 6.3.1 第一阶段的生产与定价决策模型 | 78 |
| | | 6.3.2 第二阶段的定价与生产决策模型 | 79 |
| | | 6.3.3 两阶段的定价与生产决策模型结论分析 | 81 |
| | 6.4 | 算例分析 | 82 |
| | | 6.4.1 第一阶段的算例分析 | 82 |
| | | 6.4.2 第二阶段的算例分析 | 83 |

参考文献 … 86

## 第7章 基于制造商产品批发价和利润分配系数的闭环供应链利润共享决策 … 88

| | 7.1 | 引言 | 88 |
| --- | --- | --- | --- |
| | 7.2 | 模型描述 | 89 |
| | | 7.2.1 制造商回收模式下的闭环供应链利润共享决策 | 90 |
| | | 7.2.2 零售商回收模式下的闭环供应链利润共享决策 | 92 |
| | | 7.2.3 第三方回收模式下的闭环供应链利润共享决策 | 94 |
| | 7.3 | 协调机制影响分析 | 96 |
| | | 7.3.1 零售价比较 | 96 |
| | | 7.3.2 产品销售量比较 | 97 |
| | | 7.3.3 闭环供应链系统利润比较 | 97 |

7.4 利润共享协调机制 …… 99
7.5 算例分析 …… 101
参考文献 …… 102

## 第8章 具有随机需求和缺货损失的闭环供应链利润共享决策 …… 103

8.1 引言 …… 103
8.2 模型描述 …… 104
8.3 闭环供应链系统联合决策分析及参数求解 …… 106
8.4 利润共享契约分析 …… 107
8.5 算例分析 …… 108
参考文献 …… 109

## 第9章 基于Nash协商模型和回购契约的闭环供应链利润共享决策 …… 111

9.1 引言 …… 111
9.2 模型描述 …… 112
 9.2.1 分散决策下的回购契约及利润分析 …… 113
 9.2.2 集中决策下的回购契约及利润分析 …… 115
9.3 基于Nash协商模型的闭环供应链利润共享决策 …… 115
9.4 算例分析 …… 118
参考文献 …… 120

## 第10章 基于柔性订购契约的闭环供应链利润共享决策 …… 121

10.1 引言 …… 121
10.2 模型描述 …… 122
 10.2.1 分散决策情形 …… 123
 10.2.2 集中决策情形 …… 125
10.3 柔性订购契约 …… 126

10.4 利润协调机制 ………………………………………………… 129
10.5 算例分析 ……………………………………………………… 130

参考文献 ……………………………………………………………… 132

## 第11章 青岛天盾闭环供应链运作模式案例分析 ……………… 134

11.1 青岛天盾简介 ………………………………………………… 134
11.2 青岛天盾闭环供应链运作模式 ……………………………… 135
    11.2.1 青岛天盾闭环生产结构模型 …………………………… 135
    11.2.2 青岛天盾再制造产品销售模式 ………………………… 136
11.3 青岛天盾闭环生产决策成功原因分析 ……………………… 138
    11.3.1 注重研发,完善再制造生产技术 ……………………… 138
    11.3.2 战略合作,联手神华集团开拓市场 …………………… 139
11.4 青岛天盾案例的借鉴意义 …………………………………… 140
    11.4.1 闭环生产结构模式,提高企业利润空间 ……………… 140
    11.4.2 资源再利用模式,迎合可持续发展 …………………… 141

## 第12章 桑德企业再制造闭环供应链协调和激励机制案例分析 … 142

12.1 桑德简介 ……………………………………………………… 142
12.2 桑德闭环供应链运作模式分析 ……………………………… 143
    12.2.1 桑德闭环生产结构模型 ………………………………… 143
    12.2.2 桑德闭环回收模式 ……………………………………… 144
    12.2.3 桑德闭环处理模式 ……………………………………… 145
12.3 桑德回收成功原因分析 ……………………………………… 147
    12.3.1 灵活的协调机制 ………………………………………… 147
    12.3.2 全面的激励机制 ………………………………………… 148
12.4 桑德案例的借鉴意义 ………………………………………… 149
    12.4.1 BOT模式,委托代理运营 ……………………………… 150

12.4.2 "互联网＋"模式,迎合时代发展 …………………………… 150

## 第 13 章　总结与展望 …………………………………………… 152

13.1 研究工作的回顾与结论 ………………………………………… 152

13.2 研究工作的展望 ………………………………………………… 154

# 第1章 引　　言

## 1.1 研究背景

随着科学技术的发展和人民生活水平的提高,人们对商品的消费要求越来越高,既要质量好又要款式新,因此产品的更新换代越来越快,被人们淘汰、丢弃的物品日益增多。这些产生于生产和消费过程中的物品,由于变质、损坏或使用寿命终结而失去了使用价值,形成了大量的废旧物品。自然资源的枯竭和社会对环保的日益关注使得人们越来越重视对废旧物品的重新利用,许多国家加大了对资源回收利用和环境保护的立法力度。美国、欧盟和日本较早地开始尝试用法律的手段来挽救生态环境。以美国的《超级基金法》、欧盟的《预防和补救环境损害的环境责任指令》和日本的《公害对策基本法》为代表的生态环境损害责任立法在挽救生态环境的司法实践中发挥了重要作用。[1] 2019年,全国人大环资委、常委会法工委和国务院有关部门、司法机关等共同成立立法工作领导小组,严格落实十三届全国人大常委会立法规划和决议,积极建立健全最严格、最严密的生态环境保护法律制度。2021年,垃圾分类成为一种"新时尚",各地政府出台相关文件,加快推进垃圾分类。逆向物流随着人们对废旧产品的回收与再利用而产生,并逐渐发展起来。

逆向物流的产生与发展改变了传统物料的单向运作模式,使得寿命终了的产品能够得到回收和再利用,有利于减少随意丢弃所带来的环境污染和资源浪费。

同时,废旧产品的再利用能够降低企业的生产成本,改善企业和整个供应链的绩效,能够产生巨大的社会效益和经济效益。[2] 逆向物流不同于正向物流,涉及各类废旧产品的再利用、再循环、再制造、废品处置等作业活动,以及伴随其产生的收集、储存、运输等物流活动,具有高度复杂性、多环节性、供需失衡性以及不确定性等特征。本章参考文献[3]从企业的微观角度提出了逆向物流形成的4个驱动因素:

(1) 法规强制。许多发达国家已经强制立法,责令制造商对产品的整个生命周期负责,要求他们回收处理所生产的产品或包装物品等。

(2) 经济效益。企业通过废旧物品回收再利用,一方面可以减少生产成本、减少物料的消耗、挖掘废旧物品中残留的价值,直接增加经济效益;另一方面,可以在激烈的竞争环境中,提升企业的"环保"形象、改善企业与消费者的关系,间接地提高企业的经济效益。

(3) 生态效益。由于垃圾填埋和焚化不但会造成资源损耗,而且会造成环境污染,不利于生产活动的健康持续发展,故要求企业对产品的整个生命周期负责,以节约资源、保护生态环境。

(4) 社会效益。企业回收利用所生产的产品,符合社会发展的"绿色"思路,从而有利于企业在社会中树立良好的公众形象,产生巨大的社会效益。

如何应对资源短缺、环保政策的压力,不是某一家企业可以解决的问题,而是必须依靠整个供应链内的制造商、零售商以及产品回收商的共同努力。实现众多企业之间的协调与合作需要一种超越传统的管理方式,它要求整合正向物流与逆向物流,而闭环供应链管理正是顺应这一变革的一种全新的供应链管理方式。[4] 实施闭环供应链战略可节省制造商的生产成本,同时改善供应链的环境和社会效益。闭环供应链是一个为实现产品生命周期最大化价值而设计、控制、运行的系统,是由传统正向供应链与废弃物回收的逆向供应链(Reverse Supply Chain,RSC)结合而形成的闭环反馈式结构。闭环供应链对传统供应链进行了拓展和延伸,完善了产品的生命周期。随着消费者环保意识的提升以及环保法律的完善,闭环供应链逐渐受到越来越多的关注,已成为产品价值可持续发展的推动者。[5] 理论上讲,正向产品消费市场规模应与逆向回收市场相当,闭环供应链是正向物流与逆向物流的结合体,具有潜在的巨大商业价值和环保优势。传统供应链仅包含正向物流,由于不包含废旧物品回收再制造环节,不能有效地减少原材料的使用,因此难以满足日益增长的环保要求。[6]闭环供应链则能很好地兼顾商业价值和可持续发展的需求。随着循环经济的深入人心、社会环保意识的不断增强、企业产品设计的革新和再制造管理体系的逐渐成熟,企业实施闭环供应链管理已经成为战略需求,闭环供应链的产生与发展也为国内外学者带来了新的研究课题。[7]

形成闭环供应链的目的是对物料的流动进行封闭处理,减少污染排放和剩余废物,同时以较低的成本为市场提供产品。企业与社会其他部门对于物料循环利用的努力达到了资源再生、成本节约和环境改善的目的。闭环供应链在企业中的应用越来越普遍,对它的管理已成为物流与供应链管理的一个新的重要研究领域。

## 1.2 研究意义

闭环供应链利润共享协调和模式决策研究对加强闭环供应链成员间的协同联合从而建立牢固的企业联盟、改善闭环供应链绩效有着深远的影响,因此本书的选题具有重要的现实意义和理论意义。

(1) 研究闭环供应链利润共享协调和模式决策,能够改善闭环供应链成员间合作关系,提高废旧产品回收率,进一步改善环境,促进循环经济的发展。人类在创造巨大物质财富的同时,也付出了巨大的资源与环境代价,引发了资源危机、生态恶化、环境污染等一系列严重的问题。因此,走可持续发展道路成为人类的必然选择,而循环经济正是人类社会可持续发展进程中解决资源、生态、环境问题的最佳途径。闭环供应链能使有限的自然资源得以充分利用,并有利于保护生态环境。相应地,研究闭环供应链利润共享协调和模式决策有助于闭环供应链的稳定、高效运行,提高废旧产品回收率,进一步改善环境,促进循环经济的发展。

(2) 研究闭环供应链利润共享协调和模式决策,能够进一步完善闭环供应链管理理论,为企业闭环供应链管理的实施提供理论基础。闭环供应链整合了正向物流与逆向物流,其运作机理较为复杂。研究闭环供应链利润共享协调和模式决策,对探索闭环供应链运作管理规律具有重要的理论与实用意义。为企业提供高效的闭环供应链管理模式,有助于实现资源的充分利用、成本下降、环保等多方面的综合经济效益和社会效益。

# 参 考 文 献

[1] 刘鹏.国外生态环境损害法律责任立法考察及启示——以美国、欧盟和日本为例[J].政法学刊,2018,35(03):59-64.

[2] 甘俊伟,罗利,寇然.可持续逆向物流网络设计研究进展及趋势[J].控制与决策,2020,35(11):2561-2577.

[3] 达庆利,黄祖庆,张钦.逆向物流系统结构研究的现状及展望[J].中国管理科学,2004,12(1):131-138.

[4] LI X, HUANG G, CHU J, et al. How Retailer Co-Opetition Impacts Pricing, Collecting and Coordination in a Closed-Loop Supply Chain[J]. Sustainability, 2021, 13(18): 10025.

[5] 魏超,石丹,彭瑾怡.闭环供应链研究热点、前沿与趋势可视化分析[J].供应链管理,2021,2(05):46-58.

[6] SAHEBI H, RANJBAR S, TEYMOURI A. Investigating different reverse channels in a closed-loop supply chain: a power perspective[J]. Operational Research, 2021:1-47.

[7] AMINIPOUR A, BAHROUN Z, MONCER H. Cyclic manufacturing and remanufacturing in a closed-loop supply chain[J]. Sustainable Production and Consumption, 2021, 25:43-59.

# 第2章 供应链社会责任理论与管理框架

企业管理经历过了质量管理阶段、环境管理阶段,目前进入了备受瞩目的社会责任管理阶段。供应链企业履行社会责任,是对供应链所有利益相关者包括股东、职工、环境、消费者、上下游企业等履行社会责任。随着关于供应链社会责任管理的研究越来越丰富,越来越多的企业投入供应链的社会责任实践活动。

## 2.1 供应链管理及供应链社会责任概述

一般而言,供应链是指将核心企业的生产活动延伸,从采购原材料开始,制作中间产品和最终产品,到产品销售给用户的过程,通过控制物流、信息流、资金流,将供应商、制造商、分销商、零售商、用户连成一个整体的功能性网链。对于供应链管理方面的研究,Moussa等[1]认为供应链管理是采购、制造流程以及所有物流管理活动(包括与供应商、中间商、第三方服务提供商和客户的协调和协作)的规划和管理。虽然从不同的角度对供应链管理下的定义有很多,但供应链管理的实质是为了提高供应链的市场竞争力,对供应链中各资源进行协调和整合,形成无缝连接的一体化过程。通过供应链管理,不仅降低了不必要的交易成本,而且有利于维持供需平衡,提高了整个供应链的交易效率。

近年来,产品生产质量不过关、食品安全问题频频曝光,员工合法权益无法得到保障、环境破坏和资源浪费等企业社会责任(corporate social responsibility)问题不断,消费者对供应链企业社会责任的关注度越来越高。企业社会责任的概念最早由 Oliver[2] 提出,而且他首次将企业社会责任与产业内、外消费者各类责任关联起来。刘乾和陈林[3] 提出企业社会责任是企业对可持续发展的承诺:通过年度报告和其他形式向社会披露社会责任,与雇员及其家庭、当地社区和整个社会合作,提高整体发展质量。Poist[4] 最先考虑将企业社会责任应用到供应链上,认为职工培训、职工健康与安全生产、环境保护、慈善事业等社会核心议题应纳入供应链企业社会责任,并提出了在供应链社会责任利益驱动下对供应链进行整体责任管理的模型。江佳秀等[5] 将目前关于供应链 CSR 的研究分成两类:第一类研究从企业社会责任宏观行为的视角出发,认为企业通过设定考虑消费者剩余的社会福利最大化目标来达到提高利益相关者利益的目的;第二类研究则是从比较抽象的社会责任意识的视角出发,认为企业社会责任行为是为改善利益相关者的利益同时刺激消费而投入一定数量投资的行为,其中社会责任意识反映了企业决策层对利益相关者的关注程度。

综上所述,如图 2.1 所示,供应链社会责任是实现供应链的可持续发展兼顾利益相关者利益,主要包括供应链自身追求的经济责任、节能环保的环境责任、以人为本的员工责任和促进社会建设的公益责任。

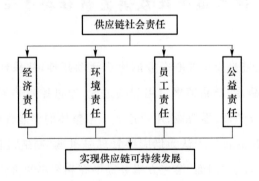

图 2.1 供应链社会责任图

供应链社会责任在供应链管理中有着至关重要的地位。根据利益相关者理论,企业社会责任需求是企业员工、消费者、合作伙伴、股东、债权人、自然环境、政府等各方综合利益的体现,因此提高供应链社会责任水平能够帮助企业改善供应链环境,提升供应链的竞争力。[6-8] 此外,供应商任何不负责任的行为都会对企业的销售和声誉造成很大的损害,特别是当这些供应商,如中小企业,资源和能力有限的时候。供应链社会责任对企业的影响在网络纵横的时代尤为突出,任何负面事件都会使企业在短期内陷入困境,这使避免社会责任负面事件显得十分必要。

企业管理的重点从企业间竞争转向了供应链间竞争,承担企业利益相关者社会责任的能力成为供应链核心竞争力的关键因素。无论是从短期还是从长期来看,供应链企业主动承担社会责任不仅有利于提高产品知名度、企业形象、企业声誉以及企业生产效率,而且有利于减少供应链风险,增加消费者信任度和消费者黏性。因此,为了找到社会责任成本最佳投入点从而获得比投入成本更多的收获,还需要不断完善供应链社会责任管理。

## 2.2 供应链社会责任管理驱动力

杨艳等[9]认为,相比供应商主导,在零售商主导下的供应商会更好地履行社会责任。引入收入共享的事后契约和成本共担的事前契约后,在零售商主导下,两种契约在一定条件下均能有效地激励供应商更好地履行社会责任,但在留存比例与分担比例相等的条件下,成本共担契约的激励效应更强。Lee和Choi[10]发现在双重道德风险情形下,当买方不信任供应商时,可能无法取得社会福利最大化,供应链的社会价值可能会显著损失。

陈远高[11]系统分析了供应链社会责任驱动力,构建了供应链社会责任动力机制模型,指出供应链社会责任动力源于公共政策强制力、社会公众压力、市场竞争驱动力、需求拉动力及内部约束力。龚浩等[12]利用博弈论的知识,引入社会责任动力因子构建了基于消费者偏好的供应链社会责任模型,通过社会责任动力因子,在一定范围内比较、分析了供应链利润,提出供应链有足够的动力履行社会责任并且愿意不断提高社会责任履行程度。

郭志文和简红艳[13]通过调查问卷收集实证数据,从企业社会责任行为缺失挖掘企业社会责任驱动力不足的根源。他们的研究表明,社会责任驱动力不足主要是因为政府执法不严,消费者、企业社会责任感知迟钝,工会和非政府组织力量薄弱,以及缺乏有效的对话机制。

研究发现,供应链社会责任管理实施的驱动力不外乎内力和外力:外力是指经济发展带来的大众消费者对社会责任日益提升的关注度,以及政府出台的一系列环境、劳工保护法等对供应链企业的严惩机制;内力是指为减少供应链风险,提高供应链产品市场竞争力,增加企业经济收益而提出的管理制度。因此,设计好的供应链社会责任管理驱动机制,有利于推动供应链社会责任管理的可持续发展。

## 2.3 供应链企业社会责任管理与闭环供应链管理

随着经济的快速发展以及国际经济业务的频繁往来,供应链社会责任产品越来越受到消费者的高度关注。供应链社会责任水平的高低直接影响着消费者对产品的消费力,处于供应链核心地位的企业自然是受供应链产品产销平衡影响最大的企业。根据相关研究者研究成果,企业社会责任履行得越好,增加价值就会越高;增加价值的提高对企业后期社会责任的履行有积极的影响。供应链社会责任水平的提高,有利于提高产品知名度、产品形象和声誉,有利于供应链总体利润的增加,从而有力地驱动核心企业参与管理整条供应链的社会责任活动。

作为一种新的经营理念和管理模式,供应链已经成为业界和理论界关注的热点。随着全球竞争的加剧和科学技术的进步、现代管理思想和手段不断变革和发展,越来越多的企业开始运用供应链管理来达成企业内外环境的协同,进行一体化管理,以提高客户的满意度,提升企业的核心竞争力。

供应链及供应链管理从20世纪90年代开始流行,并成为企业在全球市场更具竞争力的关键。根据研究和实践侧重点的不同,在供应链管理的形成和发展过程中,陆续出现了需求链管理、需求流管理、价值链管理、价值网络和同步管理等概念。随着逆向物流在企业中的应用越来越多,市场需求不断增大,闭环供应链(Closed-Loop Supply Chains,CLSC)成为物流与供应链管理的一个新的发展趋势。闭环供应链是指企业从采购到最终销售的完整供应链循环,包括产品回收与生命周期支持的逆向物流。它的目的是对物料的流动进行封闭处理,减少污染排放和剩余废物,同时以较低的成本为顾客提供服务。因此,闭环供应链除了传统供应链的内容,还对循环经济、可持续发展具有重要意义。

高效的闭环供应链管理将带来直接效益,如资源投入的减少、库存和分销成本的降低、已恢复产品的附加价值,实现废弃物品的再循环、再利用,而且通过有效的恢复处理,还可以间接地给企业带来获利的新机遇,如顾客满意度的提高、更紧密的顾客关系以及环境法规的一致性,等等。

传统的供应链管理原则同样适用于闭环供应链,同时由于闭环供应链所面向的系统无论从其深度还是广度来看都大大超越了传统供应链,涉及从战略层到运作层的一系列变化,其复杂程度和难度都远超传统供应链。闭环供应链管理的目的是实现"经济与环境"的综合效益,该理念不仅有助于企业的可持续发展,也有助于整个社会的可持续发展,在构筑"强环境绩效"方面,闭环供应链表现出的优势远远超过了传统供应链,已成为供应链未来发展的必然趋势。研究和实践闭环供应链管理的理论和技术,更好地建设和发展闭环供应链已经成为当前供应链理论研究和实践的焦点。

# 参考文献

[1] BEN MOUSSA F Z, RASOVSKA I, DUBOIS S, et al. Reviewing the use of the theory of inventive problem solving（TRIZ）in green supply chain problems[J]. Journal of Cleaner Production,2017,142:2677-2692.

[2] OLIVER S. The philosophy of management[M]. General Books,2010.

[3] 刘乾,陈林. R&D溢出效应下企业社会责任与技术创新[J]. 中国软科学,2021(07):120-130.

[4] POIST R F. Evolution of conceptual approaches to the design of logistics systems: A sequel. Transportation Journal, 1989, 28(3):35-39.

[5] 江佳秀,何新华,胡文发. 考虑碳补贴和企业社会责任的三级供应链减排策略[J]. 系统工程,2022,40(01):97-106.

[6] HUANG G, TONG Y, YE F, et al. Extending social responsibility to small and medium-sized suppliers in supply chains: A fuzzy-set qualitative comparative analysis[J]. Applied Soft Computing Journal, 2020, 88: 105899-105899.

[7] LIU Y, QUAN B, LI J, et al. A Supply Chain Coordination Mechanism with Cost Sharing of Corporate Social Responsibility[J]. Sustainability, 2018,10(4):1227.

[8] PANDA S, MODAK N M, CARDENAS-BARRON L E. Coordinating a socially responsible closed-loop supply chain with product recycling[J]. International Journal of Production Economics,2017,188:11-21.

[9] 杨艳,程燕培,陈收.不同权力结构下供应链企业社会责任激励[J].中国管理科学,2019,27(03):144-156.

[10] LEE J, CHOI S. Supply chain investment and contracting for carbon emissions reduction: A social planner's perspective[J]. International Journal of Production Economics,2021,231:107873.

[11] 陈远高.供应链社会责任的概念内涵与动力机制[J].技术经济与管理研究,2015(01):75-78.

[12] 龚浩,郭春香,李胜.基于消费者偏好的供应链社会责任内在动力研究[J].软科学,2012,26(12):45-49,56.

[13] 郭志文,简红艳.中国企业社会责任行为驱动力的实证研究[J].湖北大学学报(哲学社会科学版),2012,39(05):123-128.

# 第3章 闭环供应链理论基础

## 3.1 闭环供应链的概念与一般结构

**1. 基本概念**

（1）逆向物流

Stock[1]于1992年首次提出了"逆向物流（Reverse Logistics）"的概念，他指出逆向物流是一种包含了产品退回、物料替代、物品再利用、废弃处理、再处理、维修与再制造等流程的物流活动。

1999年，美国逆向物流执行委员会对逆向物流的解释为：重新获取产品的价值或使其得到正确处理，废旧产品从消费地到生产地的移动过程。Alarcón等[2]认为逆向物流是规划、实施和控制原材料，在运库存、产成品和相关信息从消费点到原产地的经济、高效流动的过程，以便重新捕获、创造价值或进行适当处置。Alkahtani等[3]认为，逆向物流是指收集废旧商品进行修理、再利用、再制造，以生产新产品的操作。此外，逆向物流是一个从主流物流以逆向路径移动典型产品从而检索产品价值或确保正确处置的过程。[4]逆向物流是回收或绿色处置货物以减少污染的工具。[5]逆向物流通过重用和检索，帮助公司创造经济价值来获得竞争优势。

本书采用达庆利等[6]对逆向物流的定义：逆向物流是指在企业物流过程中，由于某些物品失去了明显的使用价值（如加工过程中的边角料、消费后的产品、包装材料等）或消费者期望产品具有的某项功能失去了效用或已被淘汰，将作为废弃物被抛弃，但在这些物品中还存在可以再利用的潜在使用价值，企业为这部分物品设计一个回收系统，使具有再利用价值的物品回到正规的企业物流活动中来。

逆向物流的产生，使得供应链结构从单一的前向供应链发展为包括逆向供应链在内的闭环供应链系统。

（2）闭环供应链

闭环供应链的概念是在逆向物流基础上产生的。闭环供应链是以正向物流及其末端顾客的废旧产品作为起点，经过回收、直接再利用、维修、再制造、再循环回收或者废弃处理等逆向运作，形成的闭环系统（Closed-Loop Supply Chain，CLSC）[7-9]，即由正向物流与逆向物流整合起来，形成的一个封闭的供应链系统。

## 2. 闭环供应链的一般结构

闭环供应链包括正向供应链和逆向供应链，正向、逆向供应链可以通过若干种方式来封闭，比如产品的再利用、零部件的再利用和原料的再利用，各种回收的产品通过最有价值的方式进行再处理。闭环供应链的一般结构[10-15]如图3.1所示。

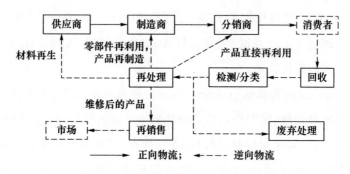

图3.1 闭环供应链的一般结构图

闭环供应链是通过产品的正向交付与逆向回收再利用，使传统的"资源-生产-消费-废弃"的开环过程变成了"资源-生产-消费-再生资源"的闭环反馈式循环过程。[16]整合正向供应链和逆向供应链而形成的闭环供应链，对企业来说是有利的。[17]闭环供应链管理的目的是实现经济与环境的综合效益，这不仅有助于企业的可持续发展,也有助于整个人类社会的可持续发展。

根据回收品种类及处理方式的不同,闭环供应链的结构类型也有所不同,目前多数研究将回收网络分为再利用、再制造和再循环三类,现实中还包括基于维修、整修、拼修及商业退货等的回收网络类型[18,19]。

(1) 再利用闭环供应链网络

闭环供应链网络适用于回收的物品不需要经过复杂的设备处理就可直接再利用,如各类包装。网络功能主要是收集、运输和存储等。

(2) 再制造闭环供应链网络

再制造(Remanufacturing)是一个将废旧产品恢复成"新"产品的工业过程。它通过一系列的处理,先对废弃产品进行回收、检测和拆卸,拆卸下来的旧零部件通过重新组装,或加进部分新的零部件,构成新产品,这样就得到了在性能上和寿命上等同于原来产品的新产品;对于拆卸时产生的没有利用价值的垃圾,则进行掩埋。该网络结构通过对回收物品进行增值性修复获取经济效益,是应用和研究颇为广泛的一类供应链结构,适用于价值较高的产品,如发动机、机电设备、复印机等。后续章节中提到的闭环供应链,如无特别说明,均指再制造闭环供应链。

(3) 再循环闭环供应链网络

再循环闭环供应链网络适用于价值较低的废弃物,如废钢、废玻璃、废纸、废沙石、废塑料等。这类产品一般需要先进的处理技术和专用设备,投资成本较高,因此要求回收处理设施集中,从而进行批量处理,获得规模经济效应。

(4) 商业退货闭环供应链网络

商业退货闭环供应链网络适用于消费者因购买的商品不符合其需求或因质量问题而将产品退给销售商。电子商务交易的实施,使得这种退货行为极为频繁。

**3. 闭环供应链的特征**

由于闭环供应链涵盖了正向、逆向两种物流,因此闭环供应链具有以下显著特征[20-22]:

(1) 高度不确定性。废旧产品的回收时间、质量和数量具有不确定性,还涉及再加工过程的不确定性,这些不确定性增加了制造商生产计划和控制的复杂性。

(2) 系统运作的复杂性及目标的多样性。逆向供应链活动和功能主要包括对回收物品的直接再利用、修理、再生、再制造等内容,回收过程的高度不确定性使得逆向供应链运作决策极为复杂。

(3) 增值性。逆向物流的运作使得资源再生、物料增值、成本节约成为可能,从而达到整个供应链系统的增值功能。

闭环供应链的结构特性决定了其不同于一般供应链,闭环供应链的系统结构对其高效运作起着至关重要的作用。

## 3.2 闭环供应链管理的基本内容

闭环供应链管理的基本内容包括闭环供应链系统的回收模式与网络、生产管理和库存管理等,以下分别概述研究现状。

### 3.2.1 闭环供应链系统的回收模式与网络

闭环供应链的回收模式与网络研究涉及以下几类问题:

(1) 闭环供应链系统的回收模式与网络的参与者以何种方式回收废旧产品。网络的参与者包括正向供应链成员,如制造商、零售商、供应商、专业物流服务商等,也可能有其他服务商,如逆向物流提供商、处理商等。参与者的不同将对正向物流与逆向物流的整合产生重要影响。

(2) 闭环供应链系统的功能与节点。逆向物流网络设计时必须确定逆向物流系统具备的功能,以及实现这些功能的环节及地点。

(3) 正向物流渠道与逆向物流渠道之间的关系。

**1. 回收模式与网络的设计原则**

郑本荣等[23]基于闭环供应链中制造商对回收模式的不同选择,研究了制造商回收和零售商回收两种模式下制造商渠道入侵决策及其对零售商、供应链系统和消费者剩余的影响。公彦德等[24]在制造商主导和零售商主导的两种权力结构下,构建了制造商与零售商两者混合回收及制造商、零售商和第三方三者混合回收的

4类逆向供应链模型。姚锋敏等[25,26]在考虑政府回收补贴及零售商CSR投入的情形下,研究了零售商主导型闭环供应链的逆向回收渠道选择及定价决策问题;在3种不同回收模式下,分析了政府的回收补贴机制及零售商的CSR投入行为对废旧产品回收及闭环供应链绩效的影响。李进等[27]从网络设计的角度实现了供应链管理的低碳化,研究了带有参数模糊性的低碳闭环供应链网络设计问题,针对模糊环境下包含制造工厂、回收中心、处置中心和客户等多个参与主体的多级低碳闭环供应链网络设计的战略定位和配置问题,综合考虑了多级闭环供应链网络参数的模糊性以及战术层多产品流和多运输方式的选择决策。唐燕等[28]在分析闭环供应链信息流程的基础上,结合其面临的问题阐述了云制造应用的重要意义,将云存储、云计算、云安全和物联网等支撑技术与再制造服务的信息收集、分析、集成、推送和优化等技术体系相结合,通过资源整合、需求对接和服务集成方式推进全生命周期制造和管理服务化,构建了面向再制造的闭环供应链云制造服务平台。

**2. 回收模式**

Savaskan等[29]提出了闭环供应链系统中回收废旧产品的3种基本模式:

(1) 制造商回收模式。如图3.2所示,制造商通过零售商将产品销售给终端消费者,制造商自己直接从消费者那里回收废旧产品。

(2) 零售商回收模式。如图3.3所示,制造商通过零售商将产品销售给消费者,并委托零售商从消费者那里回收废旧产品;零售商负责回收环节的投入,并将所回收的废旧产品交到制造商处从而得到补偿。

(3) 第三方回收模式。如图3.4所示,制造商通过零售商销售产品后,自己并不直接参与对废旧产品的回收工作,而是选择让专门的逆向物流提供商回收废旧产品,再将回收的废旧产品进行处置。

Savaskan在分析3种回收模式特征的基础上,构建了3种回收模式的定量分析模型,得出了3种回收模式下的利润、回收率等优化结果,并进行了比较分析;运用定量分析模型首次较深入地对闭环供应链网络进行了研究,并指出,集中决策时整体利润最大,而分散决策时零售商回收模式的回收率较高且利润最大。

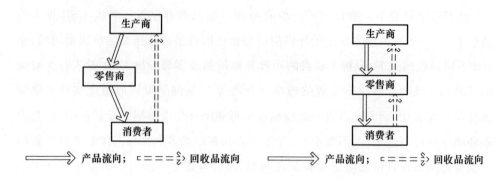

图 3.2 制造商回收模式流程图　　图 3.3 零售商回收模式流程图

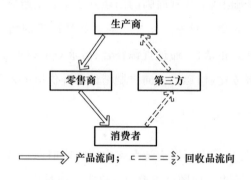

图 3.4　第三方回收模式流程图

陈军和田大钢[30]针对由一个制造商(再制造商)、一个零售商以及消费者组成的闭环供应链模型,在考虑回收品的管理成本和再制造成本的基础上,分析了两种不同回收模式(直接回收模式、间接回收模式)下订货价格、订货量及各方收益的变化。

梁喜和马春梅[31]运用 Stackelberg 博弈方法,在制造商作为市场领导者的情况下,考虑混合回收者双方存在一定的替代性,分别得出了 3 种混合回收模式中渠道成员的决策、绩效和系统总利润,进一步比较了 3 种混合回收模式的价格、回收水平以及相关利益。

### 3. 回收网络与设施选址

物流网络空间布局规划作为物流基础设施建设的重要组成部分,其规划合理与否对构建与完善现代物流服务网络体系,形成合理的物流基础设施布局[32],创造良好的物流环境,使多种运输方式相互配合,促进物流业健康发展,推动城市发展和提高竞争力具有极其关键的作用[33]。而作为物流网络空间布局规划的重点任务,物流节点布局是锚固物流网络空间布局的关键环节,也是物流网络空间布局规划的核心[33,34]。因此,分析影响物流节点空间布局的要素,并采用正确有效的定量规划方法进行物流节点布局规划,从而使物流网络的空间布局实现最优化,有着重要的理论和实践意义。

尉迟群丽等[35]研究了考虑缺货情况下的闭环供应链选址-库存-路径集成优化问题,研究在库存策略允许库存出现缺货的情况下,基于产品服务系统模式构建了混合非线性规划模型来最小化生产、选址、配送、库存以及缺货成本,并采用了改进的禁忌搜索算法进行求解。通过对比传统禁忌搜索算法的计算结果,表明改进算法能在可接受的时间内得到较优解。通过算例的敏感性分析得出,如果企业所服务的顾客接受再制造产品,那么提高回收率可以节约成本。

### 4. 设施选址优化算法

Giovanni 和 Zaccour[36]从两个阶段构建了闭环供应链博弈模型,主要讨论了采用回收外包策略给制造商、零售商和回收厂商带来的影响。Atabaki 等[37]综合反向物流和正向物流,开发了混合整数线性规划模型,提出了萤火虫算法(FA);并在不确定条件下,设计了 MILP 鲁棒模型,开发了一种名为 YAG 的启发式方法,完成了绿色闭环供应链网络设计[38]。Forouzanfar 等[39]研究了多供应商、制造商、配送中心、客户、收集中心、回收中心的多周期闭环供应链中的位置路由/库存问题。在这个供应链中,中心是多个级别的,考虑了中心运营成本的价格上涨因素,生产中心允许库存和短缺(包括销售损失和积压),考虑每个工厂的车辆到达其专用配送中心的时间以及离开配送中心的时间,实现系统成本和每个级别的最长时间之和最小化。伊长生和关学斌[40]指出了废旧电子电器设备回收物流网络结构,研究了在模糊-随机规划下的回收物流网络优化情况。张得志等[41]在随机需求情形下,采用矩阵编码的改进自适应遗传算法,求解了多层级选址-库存的混合整数非线性规划模型。陈勇等[42]针对废旧家电,建立了多周期、多目标的逆向物流网络规划模型。Zhalechian 等[43]提出了一种新的可持续闭环定位-路由-库存模型,其不确定性参差不齐。李昌兵等[44]结合回收品可分批运输的特点,建立了选址-路径-库存一体化的混合整数规划模型,并设计了一种先"选址分组",再安排路径和库存的两阶段启发式算法。

### 3.2.2 闭环供应链的生产管理

闭环供应链的生产即再制造,包含着大量的不确定性因素。再制造过程比一般生产过程复杂得多。再制造生产管理需要解决的问题有:①拆卸的可行性评估模型;②拆卸和重新组装过程的协调性;③拆卸的工艺路线、重新装配工艺的调度、车间计划的编排问题;④再制造的批量模型;⑤再制造的主生产计划模型。[45-48]

**1. 拆解**

Murayama 等[49]研究了拆解企业先从回收品中收集可再使用的零部件,再把这些零部件提供给制造商的逆向供应链的生产计划方法,这个方法解决了回收的产品和可再利用的零部件的时间选择和数量未知的问题。此方法是:首先在每一个时间周期预测可回收品和零部件的数量,然后执行以 MRP(物料需求计划)为基础的生产计划。这个方法可以使我们在每个时期对要拆解产品的数量、能用于再制造的零部件的数量和生产的新零部件数量作出计划。

龚本刚等[50]针对拆解商是否按照再制造的要求实施废车拆解,以及汽车制造商是否给予拆解商技术支持的问题进行深入研究,寻求更好的汽车拆解企业合作方案。依据新车和再制造车的需求替代关系,构建了 4 种合作模式下的汽车制造商和拆解商的博弈模型,比较分析了各模式下报废汽车回收、拆解的再制造效果、环境影响以及双方利润,并得到了优化决策结论。

**2. 制造与再制造的协调**

由于不同零部件之间存在高度的相互依赖性,因此必须对制造和再制造并存的混合型生产进行协调。

Li 等[51]研究了由单个收集者、单个再制造商和两个信息完全共享的零售商组成的三级逆向供应链中各方的协调策略,讨论了 4 种协调策略,并对不同模型的最优决策进行了详细的比较分析。通过 3 个数值分析,研究了逆向供应链中再制造产品的潜在市场需求和废旧产品的利用率对最优渠道总利润、回收量和零售价格的影响。

He 等[52]开发了一个动态模型,该模型结合了参考质量和参考价格对"单一供应商、单一制造商"供应链系统需求函数的影响。在这个模型中,提出了需求函数受参考价格和参考质量的影响、参考价格的形成受质量与参考质量之间差距的影响的假设。利用微分博弈论,我们计算并比较了两种不同情况下的开环平衡质量水平。

张汉江等[53]构建了政府、制造商、再商制造和回收商的三级闭环供应链模型,利用委托代理进行了供应链协调,理论设计了再制造商对回收商的回收利用契约,分析求解了政府、制造商、再制造商等的最优决策。政府的补贴政策将有效提高再制造产品的竞争优势,同时有效降低废旧产品的掩埋等处理成本,有利于生态环境的保护。政府最优补贴下的再制造商对回收商的最优激励机制可以有效提高废旧工业品的回收再制造效率,新产品和再制造产品的相互替代程度将间接影响政府的最优补贴决策,同时通过数值分析得到再制造的比较成本优势对闭环供应链决策的影响。

江世英和李随成[54]构建了包括制造商和分销商的绿色供应链模型,分析了4种不同结构下供应链主体的定价和产品绿色化决策,形成了结果的相互关联;并分析了相关结果对参数的影响,进一步建立了收益共享契约下的博弈模型。

### 3. 不确定性

在闭环供应链网络中,回收废旧产品到达的时间、质量和数量的不确定性以及分解的程度增加了生产任务安排的难度。现有的文献大都研究了回收品的时间、质量和数量状态的不稳定性,典型的处理方法有:对回收废旧产品执行生产和控制的权变计划、减少错误回收和分类处理等。

Bakal 和 Akcali[55]研究了随机模型预测率对逆向供应链中价格决策的影响,根据预测的确定性和随机性,构建了确定的定性模型、延迟定价以及定价模型,提出了再制造产品的最优解销售价格和废旧产品最优回收价格应满足的条件;Li 等[56]进一步考虑了需要的可能性,研究了随机性和随机需求下再制造供应链的最优价格决策,得到了先制造、再进行产品价格决策和先进行产品价格决策、再制造两种策略下制造产品的最优量和最优销售价格；Zhao 和 Zhu[57]针对再制造供应链需求和汽车制造商的特性,研究了再制造协同机制,认为产品契约能够很好地协同再制造供应链;此外,Takamichi 等[58]假设市场需求和活动是随机的,在回收品转化为新产品的情况下,调查了产品结果对闭环供应链绩效的影响;韩秀平等[59]根据随机概率,研究了分散和集中决策下新产品和再制造产品的不同定价。

Ferguson[60]等研究了减少错误回收问题。错误回收是指零售商向消费者回收的是丧失功能的产品,错误回收的成本包括处理费用(即功能测试、刷新和再包装费用)、产品在逆向供应链中损失的价值(对许多企业来说,可能需要超过几个月的时间来挽回损失),以及因产品折价出售而损失的收入。错误回收成本高昂,而且主要由制造商承担。Ferguson 提出要减少错误回收,首先要求零售商做出努力,强调利用供应链协调方法来减少错误回收;并提出了一个目标折扣契约,即每低于错误回收品目标一单位制造商付给零售商一定数量的货币。目标折扣契约给零售商提供了激励,可以减少错误回收品的数量,该契约是一个帕累托改进。

### 3.2.3 闭环供应链的库存管理

闭环供应链的库存问题与传统的库存问题相比,主要差别在于前者在后者的基础上增加了一个逆向的物料流。闭环供应链库存管理具有以下特点:(1)闭环供应链库存管理中的制造商面对着两种原材料来源——订购和废旧产品回收,回收的废旧产品可以看成第二种供给源;(2)在闭环供应链库存管理的实际操作中,回收的废旧产品首先要进行相关检测并分类,明确是检查、修复回收品还是直接使用回收品;(3)回收废旧产品的时间、数量和质量通常是不确定的,更多的是受非系统因素影响的,即使投入大量的人力、物力去搜集信息进行预测也往往是不准确的。

尤建新等[61]根据闭环供应链的基本活动方式,将闭环供应链的库存概括为 3 大类:可修理库存、再生产库存和可重复利用品库存,并建立了可修理库存的优化模型和算法,通过对单级和以 Multi-Echelon Technique for Recoverable Item Control(METRIC)为基础的多级可修理库存模型和算法(包括精算法、估计算法和仿真方法)的综述,阐述了当前研究的不足之处:部分假设不符合实际,未与产品设计相结合,未与传统库存相结合,对服务水平指标的定义不充分。

在逆向物流及闭环供应链的数量模型基础上,将闭环供应链的库存模型分成确定型和随机型两种。

**1. 确定型库存模型**

肖迪和黄培清[62]将 EOQ 模型拓展到闭环供应链,基于产品的时间价值推导出了允许缺货和不允许缺货两种情况下回收品和成品库存的最优策略,并讨论了产品价值的流失对库存策略的影响,为尽可能地利用库存策略减少此类产品价值的损失提供了思路。

尉迟群丽等[35]研究了基于产品服务系统下的再制造物流网络集成优化问题,即闭环供应链的选址-库存-路径的集成优化决策问题,且在库存策略中允许库存出现缺货的情况,针对产品服务系统模式构建了混合非线性规划模型来最小化生产、选址、配送、库存以及缺货成本,并采用了改进的禁忌搜索算法进行求解。

**2. 随机型库存模型**

张可馨[63]利用静态不确定的库存控制策略加以算例分析,证明了该策略对于非平稳需求库存管理的意义。段永瑞等[64]构建了动态定价和订购联合决策的随机动态规划模型,并证明了最优解的存在性。进一步,通过对最优解的结构进行刻画,将原问题的求解转化为若干子问题的求解,降低了问题求解的难度。通过对最优解的分析发现,当初期库存增大时,产品最优价格降低。通过分析目标服务水平对利润的影响,证明了服务水平与利润之间存在权衡,实现高的服务水平需要承受利润损失。

在动态定价与库存管理领域,Bernstein 等[65]提出了一个简单的启发式算法。该启发式算法考虑了一个短视定价策略,将每期的价格作为初始库存水平的函数和一个库存补充的基库存策略。在每一个时期内,企业都会对其所谓的价格虚增库存进行监控,并设定一个目标库存水平。价格虚化的库存位置根据反映价格对净库存水平敏感性的因素,对手头库存和管道库存进行加权。为了评估启发式算法的有效性,我们构造了一个精确系统的上界。该上界是基于信息松弛方法的,它涉及一个由该启发式算法导出的惩罚函数。

Hu 等[66]建立并分析了易逝品企业动态库存和减值决策模型。考虑一个动态随机环境,每个周期由两个阶段组成,即清仓阶段和常规销售阶段。在清仓阶段,企业决定常规销售订购量,以及是否降价处置部分(或全部)剩余库存。由于策略消费者可能在清仓销售过程中购买产品进行未来消费,因此降价可能会蚕食未来的正常价格销售。因此,企业需要在产品变质和跨期需求替代之间做出权衡。

Feng[67]研究了不确定需求定价和不确定供应采购的集成决策过程,这些决策过程在以往的工作中经常被单独研究。综合系统的分析表明,即使在确定性需求下,基本库存标价策略也不能达到最优。最优策略的特点是两个临界值:一个再订购点和一个目标安全库存。在该策略下,当且仅当库存水平低于订货点时,发出确定订单,协调最优订货量和价格,以对冲需求不确定性为目标,达到一个恒定的目标安全库存。他还进一步研究了动态定价相对于静态定价的利润改进。

确定型库存模型是在经典经济订货批量模型的基础上发展而来的,目标是寻求最优的订货批量。随机型库存模型用来解决需求随时间变化的闭环供应链库存问题,该模型对外部需求做了随机描述,因此相对于确定型库存模型较为接近实际。

还有许多学者对闭环供应链库存管理也进行了研究,并取得了成果[68-74],这里不再叙述。

### 3.2.4 闭环供应链利润共享与契约协调机制

许多学者从不同角度研究了供应链的协调,提出了供应链协调的概念[75-86]。Simatupang 等[87-89]和 Sahin 等[90]将供应链协调定义为所有成员的所有决策行为都是为了实现供应链系统全局最优目标。Cachon[91]认为如果供应链系统的最优决策行为构成各参与成员的纳什均衡,那么系统的最优决策对于各参与成员也是最优决策,也就没有任何一个参与成员有意愿偏离这个均衡,那么供应链达到协调。

契约协调机制是指在给定的信息结构下,为供应链参与成员进行合作提供的制度性安排。通过契约的形式将供应链成员之间的权利、义务确定下来,减少整个供应链的交易成本,克服成员之间由于活动的外部性而造成的双重边际效应问题,改善供应链合作关系,降低运营成本。常见的供应链契约主要包括:批发价契约、回购契约、收益共享契约、数量折扣契约、数量柔性契约、销售折扣契约、转移支付契约、二部定价契约等。

闭环供应链内含多个独立的决策者,而这些决策者往往在分散的状况下独立做出决策,因此最终的决策结果对于整条供应链来说很少是最优的。由于闭环供应链结构的复杂性,其管理难度比传统供应链大大增加,所以更需要链条各环节间的有效衔接和整体协调。将闭环供应链作为一个系统来研究,最重要的问题是如何协调系统各成员之间的关系,使得各自在实现利润最大化的同时又不损害其他成员的利益,实现共赢。只有当这些决策者行为达成某种程度的协调时,才有可能使供应链整体最优。

闭环供应链中,由于零售商既负责产品的销售活动又负责废旧品的回收活动,或者是零售商负责产品的销售活动、第三方负责废旧产品的回收活动,所以在契约机制设计中必须考虑两个目标:(1)对零售商销售产品努力的激励;(2)对零售商或者第三方回收废旧品努力的激励。

根据信息对称与否,闭环供应链的契约协调机制可分为信息对称情形下的闭环供应链契约协调机制和信息不对称情形下的闭环供应链契约协调机制两大类。

**1. 信息对称情形下的闭环供应链契约协调机制研究**

信息对称是指市场交易或者签订契约的双方拥有相同的信息,众多学者研究了信息对称情形下的供应链及闭环供应链契约协调机制,代表性的研究文献如表3.1所示。

表3.1 信息对称情形下的供应链及闭环供应链契约协调机制研究文献一览表

| 作者 | 研究内容以及主要贡献 |
| --- | --- |
| 谢家平等[92,93] | 通过对比收益共享模型和收益共享-成本共担模型,发现:线上平台商将部分收益分给线下服务商的同时,如果能分担线下渠道服务建设投入,将更有利于逆向回收和服务商逆向渠道服务水平的提高。 |
| Tsay等[94-97] | 提出了弹性数量契约(quantity flexibility contract)。在弹性数量契约下,制造商允许零售商在观察市场需求情况后改变最初订购量的协议;弹性数量契约规定订货的最大变动量,供应商有义务满足契约规定的最高上限供应量,同时规定经销商最小购买量。 |
| 于春海等[98] | 基于回购契约,研究了二级闭环供应链(制造商风险中性、零售商风险偏好)的协调决策问题;分别就零售商风险中性、厌恶和喜好3种态度,构建了考虑两个风险参数(悲观系数和风险厌恶程度)和均值-CVaR决策准则的契约模型;求解出最优订货量和回收价格的解析解,研究了不同风险偏好下零售商订货策略的变化,得到了最优协调机制,并针对主要模型参数(回购价格、比例及风险参数)进行了敏感性分析。 |

续 表

| 作者 | 研究内容以及主要贡献 |
|---|---|
| 王宇涵和李卓宸[99] | 运用定性和定量相结合的研究方法,从行为实验角度探讨了公平感闭环供应链成员定价博弈的影响,发现了闭环供应链各节点成员的公平关切对定价博弈的影响;并在公平关切框架下,设计了产品闭环供应链节点成员之间的协调机制。 |
| Huang 等[100] | 研究了制造商许可第三方进行再制造活动的闭环供应链中旧产品的市场需求和供应量的中断。 |
| 霍良安等[101,102] | 构建了由两个同时拥有线上和线下销售渠道的制造商组成的竞争供应链系统;分析了供应链系统中渠道竞争与品牌竞争共存时,两个制造商的 Nash 博弈决策和合作博弈决策的定价问题,探讨了不同的渠道竞争对价格决策和系统利润的影响,并通过数值算例验证了模型的有效性。 |
| 朱宝琳等[103] | 建立了分散和集中情况下的最优决策模型,通过设计风险共担和 GL 组合契约实现了三级供应链的协调;讨论了风险规避零售商的最优订购决策,分析了风险规避对供应链期望收益的影响。 |
| Panda 等[104,105] | 分析了企业社会责任(CSR)的影响,探讨了社会责任制造商-零售商闭环供应链(CLSC)的渠道协调,并考虑了企业经营的两个方面-利润最大化和通过产品回收实现社会责任。 |
| 范定祥、李重莲等[106] | 针对双渠道闭环供应链的正向销售和逆向回收之间严重脱节的问题,基于线性需求函数,构建了由制造商、线上和线下渠道商及消费者组成的双渠道闭环供应链集中和分散决策模型,通过 Stackelberg 博弈理论分析发现,分散决策下存在明显的"双重边际化"现象。为此,设计回收奖惩契约及正向特许经营与逆向成本分摊契约对供应链进行协调。 |
| Jeulan,Shugan 等[107-111] | 建立了数量折扣契约(quantity discount contracts)。数量折扣契约是由供应商根据零售商的订单数量提供不同的批发价,零售商订单数量越大,批发价越低,得到的折扣越高,以此激励零售商增加订单数量。 |
| 魏光兴[112] | 用参数分别描述了市场需求剧增时增加的生产成本和市场需求剧减时发生的多余产品处理成本;在数量折扣契约基础上,研究了突发事件发生后制造商的最优批发价格和零售商的最优订货量,分析比较了突发事件发生前后包括市场剧增与市场剧减两种情况下的差异,并给出了数值算例。 |
| Barnes-Schuster 等[113-118] | 研究了期权契约(option contract)。期权契约是指买方承诺在未来购买一定的货物量外,还向卖方以一定的价格购买一定数量的期权。这个期权允许买方在未来根据市场需求情况,按照规定的期权执行价格购买不超过期权购买量的产品。通过期权的购买,买方就获得了调整未来订单的权利,将部分需求风险转移给了卖方,卖方也从期权购买中获得了一定的补偿。 |

供应链契约实现了制造商、零售商之间的管理优化和风险控制,其规定的参数(订购量、价格、时间、质量)明确了制造商、零售商的权利与义务,其目标是实现供应链成员间决策的协调从而增加供应链系统的利润、减少库存和缺货损失,以及成员间风险共担[119]。

解决信息对称情形下的闭环供应链协调问题的一般思路是:在分析闭环供应链参与成员相互关系的基础上,分别建立闭环供应链的非合作模型与合作模型,讨论两种模型下闭环供应链成员的利润状况,把非合作模型下闭环供应链成员的利润作为利润协调的基础,通过比较分析,然后构建闭环供应链成员之间的协调机制,使得闭环供应链成员的利润在合作模型下比非合作模型下的利润都有所增加,实现闭环供应链利润共享基础上的协调。收益共享契约、数量柔性契约、回购契约、返利契约、数量折扣契约等是常用的协调思想和途径。

**2. 信息不对称情形下的闭环供应链契约协调机制研究**

信息不对称是指签订契约的一方往往比另一方拥有更多的信息。信息不对称现象存在的根源:一方面是参与成员所拥有的私人信息不同,另一方面是参与成员基于不同的获取能力而获得的信息不同。闭环供应链由不同的成员组成,各自有不同的优化目标和私有信息,决策权是分散化的,而且出于种种原因,供应链成员间或多或少会隐瞒自己的私有信息。闭环供应链系统中存在许多不确定因素,信息的不对称现象是非常普遍的。信息不对称情形下的代表性研究文献如表 3.2 所示。

表 3.2　信息不对称情形下的供应链及闭环供应链契约协调机制研究文献一览表

| 作者 | 研究内容以及主要贡献 |
| --- | --- |
| 赵燕飞[120] | 在信息不对称情形下,通过构建不同成员具有公平关切的决策模型,研究了公平关切对采取批发价合同的二级供应链定价决策的影响。 |
| Qin[121]等 | 研究了供应商的私人成本信息和零售商的私人公平关切信息在供应链成员间不对称对供应链决策的影响,从而研究了谎报行为和公平关切对供应链的影响。 |
| 张盼等[122] | 考虑了政府奖惩机制,在零售商回收的闭环供应链中,当零售商的回收成本信息不对称时,为探究制造商最优激励合同设计问题,构建了制造商与零售商的 Stackelberg 博弈模型,通过运用委托代理理论和显示原理求得了实现对零售商信息甄别的最优两部定价合同菜单,并分析了该合同菜单性质以及信息不对称的影响,最后探讨了政府奖惩机制对均衡结果的影响。 |

续表

| 作者 | 研究内容以及主要贡献 |
|---|---|
| 张盼和熊中楷[123] | 在一个制造商进行回收再制造的闭环供应链中,当制造商的回收成本信息不对称时,考虑到供应链成员终止交易的情况,研究了零售商的最优两部定价合同设计问题,并探讨了该合同的性质以及回收成本信息不对称对整个闭环供应链的影响。 |
| 金亮[124] | 针对由一个农户(或合作社)和一个超市组成的"农超对接"系统,考虑消费者对农产品质量偏好的异质性,且消费者偏好与农产品质量之间的不匹配成本为不对称信息,研究了农产品供应链定价及合同设计问题。 |
| 李芳等[125] | 为了研究政府规制下非对称信息对闭环供应链差别定价的影响,构建了政府、制造商、零售商和消费者的三阶段博弈决策模型,分析了政府补贴与惩罚政策下闭环供应链各利益主体的最优定价策略。 |
| 张玉春和冯昱[126] | 为解决回收过程中信息不对称引起的回收品质量不稳定问题,基于信号传递理论,构建了闭环供应链回收品质量控制系统动力学模型,分析了将回收比例和回收品质量预防水平作为信号传递的闭环供应链动态行为。 |
| 康晨阳和戴更新[127] | 研究了在零售商具有私人回收成本信息的情况下,信息不对称时,混合销售、混合回收的分散化定价模型下闭环供应链中零售商和制造商的定价策略。 |
| 张强和戴更新[128] | 研究了在零售商具有私人回收成本信息的情况下,信息不对称时,双渠道回收模式下闭环供应链中零售商和制造商的定价策略。 |
| 曹华等[129] | 在不同回收水平下,再制造商都存在单边道德风险,零售商根据影响再制造商质量预防水平的因素来引导再制造商的决策,并通过制定激励契约来降低再制造商的道德风险,以达到闭环供应链协调的目的。 |
| Guan 等[130] | 通过差分博弈模型为不同权力结构下的中心化、公平中立的去中心化和公平相关的去中心化渠道确定最优策略;还制定了收入和成本分摊合同,以协调关注公平性的分散渠道。 |
| 王文宾等[131] | 研究了再制造商、处理回收商回收能力隐匿的逆向选择问题和努力水平隐匿的道德风险问题。运用激励理论研究了在双重信息不对称情形下,再制造商如何设计激励机制引导回收商努力回收废旧电子产品的问题。 |
| 高鹏等[132] | 研究了由零售商主导的闭环供应链在制造商再制造成本为不对称信息时的运作及协调问题,并与对称信息下的协作机制进行了比较。 |
| 韩小花和薛声家[133] | 利用博弈论原理,研究了闭环供应链的合作机制。指出在信息对称和信息不对称情形下,制造商都可以通过向零售商收取与制造成本相同的批发价和一定的特许经营费达到合作目的;但在信息对称下,制造商索取合作后的全部超额利润、零售商只获得分散化决策下的利润,在信息不对称下有信息优势的零售商可获得更多的利润。 |

信息不对称情形下,为实现供应链及闭环供应链的契约协调,主要运用委托-代理理论和最优控制理论来设计模型。从委托-代理的角度来看,制造商是委托人,零售商或第三方是代理人,由于委托人不能直接观察到代理人选择的行动,只能观察到一些变量(如产品的销售量、废旧产品的回收量,这些变量由代理人的行动和其他的外生随机因素决定),委托人观察到的只是代理人行动的不完全信息。于是,作为信息劣势的一方,委托人的问题是如何根据观察到的信息来设计闭环供应链契约,以激励代理人选择对委托人最有利的行动。

# 参 考 文 献

[1] STOCK J R. Reverse logistics [M]. Oak Brook Illinois: Council of Logistics Management, 1992:1-10.

[2] ALARCÓN F, CORTÉSPELLICER P, PÉREZPERALES D, et al. A Reference Model of Reverse Logistics Process for Improving Sustainability in the Supply Chain[J]. Sustainability,2021,13(18):10383.

[3] ALKAHTANI M, ZIOUT A, SALAH B, et al. An Insight into Reverse Logistics with a Focus on Collection Systems[J]. Sustainability,2021,13(2):548.

[4] HANSEN Z N L, LARSEN S B, NIELSEN A P, et al. Combining or separating forward and reverse logistics[J]. The International Journal of Logistics Management,2018,29(1):216-236.

[5] ZARBAKHSHNIA N, SOLEIMANI H, GOH M, et al. A novel multi-objective model for green forward and reverse logistics network design[J]. Journal of Cleaner Production,2018,208(C):1304-1316.

[6] 达庆利,黄祖庆,张钦.逆向物流系统结构研究的现状及展望[J].中国管理科学,2004,12(1):131-138.

[7] LI X, HUANG G, CHU J, et al. How Retailer Co-Opetition Impacts Pricing, Collecting and Coordination in a Closed-Loop Supply Chain[J].

Sustainability,2021,13(18):10025.

[8] WANG Y, SU M, SHEN L, et al. Decision-making of closed-loop supply chain under Corporate Social Responsibility and fairness concerns[J]. Journal of Cleaner Production,2021,284.

[9] SUBRAMANIAN P. Design and Analysis of Closed-Loop Supply Chain Networks[J]. Emerging Operations Research Methodologies and Applications,2021.

[10] GONG Y, CHEN M, WANG Z, et al. With or without deposit-refund system for a network platform-led electronic closed-loop supply chain[J]. Journal of Cleaner Production,2021,281:125356.

[11] DONG J, JIANG L, LU W, et al. Closed-loop supply chain models with product remanufacturing under random demand[J]. Optimization,2021,70(1):27-53.

[12] ZHAO X, BAI X, FAN Z, et al. Game Analysis and Coordination of a Closed-Loop Supply Chain:Perspective of Components Reuse Strategy [J]. Sustainability,2020,12(22):9681.

[13] HUANG Y, WANG Z. Information sharing in a closed-loop supply chain with learning effect and technology licensing[J]. Journal of Cleaner Production,2020,271.

[14] 陈胜利.突发事件下零售商资金约束的风险规避型闭环供应链契约协调策略[J].系统科学与数学,2020,40(10):1836-1865.

[15] YANG L, HU Y, HUANG L. Collecting mode selection in a remanufacturing supply chain under cap-and-trade regulation [J]. European Journal of Operational Research,2020,287(2):480-496.

[16] 张桂涛,王广钦,赵欣语,等.碳配额交易体系下闭环供应链网络的生产与碳交易策略研究[J].中国管理科学,2021,29(01):97-108.

[17] BABAEINESAMI A, TOHIDI H, SEYEDALIAKBAR S M. Designing a data-driven leagile sustainable closed-loop supply chain network[J]. International Journal of Management Science and Engineering Management,

2021,16(1):14-26.

[18] 邱若臻,黄小原.闭环供应链结构问题研究进展[J].管理评论,2007,19(1):49-55.

[19] 杜娟.闭环供应链运作模式分析[J].上海管理科学,2006,28(3):54-56.

[20] 程发新,马方星,邵汉青.回收补贴下废旧产品质量不确定的闭环供应链定价决策及协调[J].软科学,2018,32(07):139-144.

[21] 张芳,马小林.双渠道闭环供应链博弈模型的复杂性分析[J].天津工业大学学报,2018,37(03):76-82.

[22] 胡怡,冯艳刚.考虑保鲜努力和增值服务的风险规避型生鲜农产品供应链协调研究[J].廊坊师范学院学报(自然科学版),2021,21(02):75-82.

[23] 郑本荣,杨超,杨珺.回收模式对制造商渠道入侵策略的影响[J].管理科学,2019,32(03):92-105.

[24] 公彦德,蒋雨薇,达庆利.不同混合回收模式和权力结构的逆向供应链决策分析[J].中国管理科学,2020,28(10):131-143.

[25] 姚锋敏,闫颖洛,刘珊,等.政府补贴下考虑CSR投入的闭环供应链回收及定价决策[J].运筹与管理,2021,30(06):69-76.

[26] 姚锋敏,徐素波,滕春贤.双回收渠道下零售商主导闭环供应链决策模型[J].计算机集成制造系统,2016,22(09):2195-2203.

[27] 李进,朱道立.模糊环境下低碳闭环供应链网络设计多目标规划模型与算法[J].计算机集成制造系统,2018,24(02):494-504.

[28] 唐燕,李健,张吉辉.面向再制造的闭环供应链云制造服务平台设计[J].计算机集成制造系统,2012,18(07):1554-1562.

[29] SAVASKAN R C, BHATTACHARYA S, WASSENHOVE L. Closed-Loop Supply Chain Models with Product Remanufacturing [J]. Management Science,2004,50(2):239-252.

[30] 陈军,田大钢.闭环供应链模型下的产品回收模式选择[J].中国管理科学,2017,25(01):88-97.

[31] 梁喜,马春梅.不同混合回收模式下闭环供应链决策研究[J].工业工程与管理,2015,20(04):54-60.

[32] 周齐敏.基于灰色聚类的广西省城市物流空间布局规划[J].物流技术，2014,33(11):201-202,228.

[33] 王传盈,林英华,齐晓冉,等.山东省物流节点布局优化研究[J].物流工程与管理,2020,42(07):60-62.

[34] 李白.试论物流节点布局与城市空间结构演变[J].中国物流与采购,2020(03):41-42.

[35] 尉迟群丽,何正文,王能民.考虑缺货的闭环供应链选址-库存-路径集成优化[J].运筹与管理,2021,30(02):53-60.

[36] GIOVANNI DE P, ZACCOUR G. A two-period game of a closed-loop supply chain[J]. European Journal of Operational Research, 2014, 232(1): 22-40.

[37] ATABAKI M S, KHAMSEH A A, MOHAMMADI M. A priority-based firefly algorithm for network design of a closed-loop supply chain with price-sensitive demand[J]. Computers & Industrial Engineering, 2019, 135:814-837.

[38] MOHAMMAD Y, MOHADDESE G. Heuristic method for robust optimization model for green closed-loop supply chain network design of perishable goods[J]. Journal of Cleaner Production, 2019, 226:282-305.

[39] FOROUZANFAR F, TAVAKKOLI-MOGHADDAM R, BASHIRI M, et al. New mathematical modeling for a location-routing-inventory problem in a multi-period closed-loop supply chain in a car industry[J]. Journal of Industrial Engineering International, 2018, 14(3): 537-553.

[40] 伊长生,关学斌.基于模糊——随机规划的 WEEE 回收物流网络优化研究[J].数学的实践与认识,2015,45(21):14-25.

[41] 张得志,潘立红,李双艳.考虑供应商选择的选址-库存-路径的联合优化[J].计算机应用研究,2019,36(08):2338-2341.

[42] 陈勇,杨雅斌,张勤.基于第三方回收的废旧家电逆向物流网络设计[J].数学的实践与认识,2016,46(17):81-89.

[43] ZHALECHIAN M, TAVAKKOLI-MOGHADDAM R, ZAHIRI B, et al.

Sustainable design of a closed-loop location-routing-inventory supply chain network under mixed uncertainty[J]. Transportation Research Part E,2016,89:182-214.

[44] 李昌兵,张斐敏.集成选址-路径-库存问题的逆向物流网络优化[J].计算机集成制造系统,2014,20(07):1793-1798.

[45] 崔培枝,姚巨坤,李超宇.面向资源节约的精益再制造生产管理研究[J].中国资源综合利用,2017,35(01):39-42.

[46] 张伟.我国再制造产业转入规范化、规模化发展新阶段[J].表面工程与再制造,2020,20(05):17-18.

[47] 陈伟达,魏海军.合同能源管理下企业制造/再制造生产决策研究[J].工业工程与管理,2019,24(02):167-173,182.

[48] 王永健,陈伟达,王站杰,等.基于现金流管理的单向可替代产品制造/再制造生产决策研究[J].工业工程与管理,2020,25(01):87-94.

[49] MURAYAMA T, YODA M, EGUCHI T, et al. Production Planning and Simulation for Reverse Supply Chain [J]. JSME International Journal Series C Mechanical Systems, Machine Elements and Manufacturing, 2006,49(2):281-286.

[50] 龚本刚,程晋石,程明宝,等.考虑再制造的报废汽车回收拆解合作决策研究[J].管理科学学报,2019,22(02):77-91.

[51] LI J; WANG Z; JIANG B, et al. Coordination strategies in a three-echelon reverse supply chain for economic and social benefit[J]. Applied Mathematical Modelling, 2017, 49: 599-611.

[52] LIU Z, HE Y. Supply chain coordination in quality improvement with reference effects[J]. The Journal of the Operational Research Society, 2016, 67(9): 1158-1168.

[53] 张汉江,余华英,李聪颖.闭环供应链上的回收激励契约设计与政府补贴再制造政策的优化[J].中国管理科学,2016,24(08):71-78.

[54] 江世英,李随成.考虑产品绿色度的绿色供应链博弈模型及收益共享契约[J].中国管理科学,2015,23(06):169-176.

[55] BAKAL I S, AKCALI E. Effects of Random Yield in Remanufacturing with Price-Sensitive Supply and Demand[J]. Production and Operations Management, 2006, 15(3): 407-420.

[56] Li X, Li Y, Cai X. Remanufacturing and pricing decisions with random yield and random demand[J]. Computers and Operations Research, 2015, 54: 195-203.

[57] ZHAO S, ZHU Q. Remanufacturing supply chain coordination under the stochastic remanufacturability rate and the random demand[J]. Annals of Operations Research, 2017, 257(1-2): 661-695.

[58] TAKAMICHI H, STEPHEN M D, SRINAGESH G. The impact of information sharing, random yield, correlation, and lead times in closed loop supply chains[J]. European Journal of Operational Research, 2015, 246(3): 827-836.

[59] 韩秀平,陈东彦,陈德慧,等.再制造率随机的闭环供应链产品差别定价策略[J].控制与决策,2015,30(11):2019-2024.

[60] FERGUSON M, GUIDE V D R, SOUZA G C. Supply Chain Coordination for False Failure Returns[J]. Manufacturing & Service Operations Management, 2006, 8(4):376-393.

[61] 尤建新,隋明刚,杜娟.闭环供应链中可修理库存优化模型与算法[J].同济大学学报(自然科学版),2004,32(11):1534-1539.

[62] 肖迪,黄培清.基于产品时间价值的闭环供应链库存策略研究[J].管理工程学报,2008,22(04):146-148.

[63] 张可馨.非平稳需求下库存管理研究[J].中国物流与采购,2020(04):47.

[64] 段永瑞,徐超,霍佳震.服务水平约束下动态定价与库存管理[J].运筹与管理,2019,28(05):1-7.

[65] BERNSTEIN F, LI Y, SHANG K. A Simple Heuristic for Joint Inventory and Pricing Models with Lead Time and Backorders[J]. Management science: Journal of the Institute of Management Sciences, 2016,62(8):2358-2373.

[66] HU P, SHUM S, YU M. Joint Inventory and Markdown Management for Perishable Goods with Strategic Consumer Behavior [J]. Operations Research, 2016, 64(1): 118-134.

[67] FENG Q. Integrating Dynamic Pricing and Replenishment Decisions Under Supply Capacity Uncertainty [J]. Management Science, 2010, 56(12): 2154-2172.

[68] 邢光军,夏敏,巩永华.考虑退货情形下的闭环供应链双源库存控制策略[J].数学的实践与认识,2018,48(08):42-55.

[69] 郭海峰.Internet下双渠道闭环供应链动态模型及其预测控制[J].计算机集成制造系统,2018,24(12):3157-3164.

[70] 林贵华,冯文秀,杨振平.回收商参与的多阶段绿色闭环供应链竞争模型[J].中国管理科学,2021,29(06):136-148.

[71] FOROUZANFAR F, TAVAKKOLI-MOGHADDAM R, BASHIRI M, et al. New mathematical modeling for a location-routing-inventory problem in a multi-period closed-loop supply chain in a car industry[J]. Journal of Industrial Engineering International, 2018, 14(3): 537-553.

[72] DENG S, LI Y, GUO H, et al. Solving a Closed-Loop Location-Inventory-Routing Problem with Mixed Quality Defects Returns in E-Commerce by Hybrid Ant Colony Optimization Algorithm [J]. Discrete Dynamics in Nature and Society, 2016, 2016:1-12.

[73] 唐金环,戢守峰,蓝海燕,等.考虑碳配额差值的选址-路径-库存联合优化多目标模型与求解[J].管理工程学报,2017,31(01):162-168.

[74] 王振,郭健全.模糊环境下考虑供应中断的再制造闭环供应链研究[J].工业工程,2021,24(01):140-146.

[75] 刘珊,陈东彦.考虑CSR投入闭环供应链的制造商回收伙伴选择及协调[J].管理工程学报,2021,35(06):163-175.

[76] 朱琳,施国洪.公平关切下考虑政府碳排放奖惩的闭环供应链协调研究[J].物流工程与管理,2021,43(05):49-54.

[77] 王娜,张玉林.专利保护下闭环供应链碳减排及协调决策[J].控制与决策,

2022,37(05):1378-1388.

[78] 尚春燕,关志民,米力阳.政府干预下考虑双重行为偏好特征的闭环供应链决策与协调[J].工业工程,2021,24(01):35-43.

[79] 史成东,冯硕.考虑回收质量不确定的低碳闭环供应链定价决策与协调研究[J].经济论坛,2020(11):129-136.

[80] XU L,WANG C. Sustainable manufacturing in a closed-loop supply chain considering emission reduction and remanufacturing[J]. Resources,Conservation & Recycling,2018,131:297-304.

[81] MAITI T,GIRI B C. Two-way product recovery in a closed-loop supply chain with variable markup under price and quality dependent demand[J]. International Journal of Production Economics,2017,183:259-272.

[82] SONG H,CHU H. Incentive Strategies of Different Channels in an Electric Vehicle Battery Closed-Loop Supply Chain[J]. Procedia Computer Science,2019,162(C):634-641.

[83] 张玉春,冯昱,周金华,等.基于SD的闭环供应链质量控制契约协调模型仿真与优化[J].系统工程,2018,36(03):105-112.

[84] 范定祥,李重莲,宾厚.双渠道闭环供应链的正向销售与逆向回收契约协调研究[J].经济与管理,2021,35(01):85-92.

[85] ZHU B, WEN B, JI S, et al. Coordinating a dual-channel supply chain with conditional value-at-risk under uncertainties of yield and demand[J]. Computers & Industrial Engineering,2020,139(C):106181.

[86] LI H,WANG C,SHANG M,et al. Cooperative decision in a closed-loop supply chain considering carbon emission reduction and low-carbon promotion[J]. Environmental Progress & Sustainable Energy,2019,38(1):143-153.

[87] SIMATUPANG T M,SRIDHARAN R. The collaborative supply chain[J]. The International Journal of Logistics Management,2002,13(1):15-30.

[88] SIMATUPANG T M,WRIGHT A C,SRIDHARAN R. The knowledge

[88] of coordination for supply chain integration[J]. Business Process Management Journal,2002,8(3):289-308.

[89] SIMATUPANG T M, SANDROTO I V, LUBIS S B H. Supply chain coordination in a fashion firm[J]. Supply Chain Management:An International Journal,2004,9(3):256-268.

[90] SAHIN F, ROBINSON E P. Flow coordination and information sharing in supply chains:Review, implications, and directions for future research[J]. Decision Sciences,2002,33(4):505-536.

[91] CACHON G P. Supply Chain Coordination with Contracts. Handbooks in Operations Research and Management Science,2003,11:227-339.

[92] 谢家平,梁玲,杨光,等.互补型闭环供应链的收益共享与成本共担契约协调优化[J].中国管理科学,2018,26(08):94-105.

[93] 谢家平,梁玲,李燕雨,等.闭环供应链下收益共享契约机制策略研究[J].管理工程学报,2017,31(02):185-193.

[94] TSAY A A. The quantity flexibility contract and supplier-customer incentives[J]. Management Science,1999,45(10):1339-1358.

[95] 庄宇,胡启,赵燕.供应链上下游企业间弹性数量契约优化模型[J].西安工业学院学报,2004,24(4):391-394.

[96] 何勇,吴清烈,赵林度.考虑努力及价格因素的弹性数量契约模型[J].系统工程与电子技术 2007,29(12):2056-2059.

[97] 何勇,杨德礼.需求与价格具有相关性下的弹性数量契约模型研究[J].预测,2005,24(02):38-41.

[98] 于春海,冯俏,荣冬玲.基于均值-CVaR的闭环供应链回购契约协调策略研究[J].运筹与管理,2020,29(06):58-64.

[99] 王宇涵,李卓宸.成员公平感对闭环供应链协调的影响[J].合作经济与科技,2020(24):94-96.

[100] HUANG Y, WANG Z. Demand disruptions, pricing and production decisions in a closed-loop supply chain with technology licensing[J]. Journal of Cleaner Production,2018,191:248-260.

[101] 霍良安,蒋杰辉,王绍凡,等.基于渠道竞争与品牌竞争的供应链定价策略和协调研究[J].上海理工大学学报,2020,42(01):36-43.

[102] 霍良安,邵洋洋,林徐勋.演化博弈视角下的再制造闭环供应链回收策略研究[J].计算机应用研究,2018,35(03):727-732.

[103] 朱宝琳,崔世旭,戢守峰,等.产需不确定下基于零售商风险规避的三级供应链组合契约模型[J].中国管理科学,2018,26(11):114-123.

[104] PANDA S, MODAK N M, CARDENAS-BARRON L E. Coordinating a socially responsible closed-loop supply chain with product recycling[J]. International Journal of Production Economics,2017,188:11-21.

[105] PANDA S, MODAK N M, CARDENAS-BARRON L E. Coordination and benefit sharing in a three-echelon distribution channel with deteriorating product[J]. Computers & Industrial Engineering, 2017, 113: 630-645.

[106] 范定祥,李重莲.考虑回收积极性的逆向供应链协调的演化博弈分析[J].工业工程与管理,2020,25(04):86-94.

[107] JEULAND A, SHUGAN S. Managing channel profit[J]. Marketing Science, 1983, 2(3): 239-272.

[108] ROSENBLATT M J, LEE H L. Improving profitability with quantity discounts under fixed demand[J]. IIE Transactions, 1985, 17(4): 388-395.

[109] DADA M, SRIKANTH K N. Pricing policies for quantity discounts[J]. Management Science, 1987, 33: 1247-1252.

[110] WENG Z K. Modeling quantity discounts under general price sensitive demand functions: optimal policy and relationships [J]. European Journal of Operational Research, 1995, 86:300-314.

[111] 马祖军.供应链中供需协调及数量折扣定价模型[J].西南交通大学学报,2004,39(02):185-188.

[112] 魏光兴,吴宁谦,林强.数量折扣契约下基于成本分担的供应链突发事件协调应对[J].数学的实践与认识,2017,47(05):1-8.

[113] BARNES-SCHUSTER D，BASSOK Y，ANUPINDI R. Coordination and flexibility in supply contracts with options[J]. Manufacturing & Services Operations Management，2002，4(3):171-207.

[114] 崔爱平,刘伟.物流服务供应链中基于期权契约的能力协调[J].中国管理科学,2009,17(02):59-65.

[115] 张子刚,刘开军.柔性供应链中的三阶段期权型契约模型[J].系统工程理论方法应用,2006,15(4)：326-331.

[116] 郭琼,杨德礼,迟国泰.基于期权的供应链契约式协调模型[J].系统工程,2005,23(10):1-6.

[117] 胡本勇,王性玉,彭其渊.供应链单向及双向期权柔性契约比较分析[J].中国管理科学,2007,15(06):92-97.

[118] 宁钟,林滨.供应链风险管理中的期权机制[J].系统工程学报,2007,22(02)：141-147.

[119] ARSHINDER K A，DESHMUKH S G. Supply chain coordination: Perspectives，empirical studies and research directions[J]. Production Economics，2008，(115):316-335.

[120] 赵燕飞,王勇,文悦,等.需求信息不对称下考虑公平关切的供应链产品定价决策研究[J].管理学报,2021,18(06):919-928.

[121] QIN Y, SHAO Y. Supply chain decisions under asymmetric information with cost and fairness concern[J]. Enterprise Information Systems,2019,13(10): 1347-1366.

[122] 张盼,余莉婷,熊中楷.政府奖惩下闭环供应链中信息不对称时的最优合同设计[J].中国管理科学,2020,28(05):89-100.

[123] 张盼,熊中楷.制造商回收成本信息不对称下零售商激励合同设计[J].管理工程学报,2019,33(04):144-150.

[124] 金亮.不对称信息下"农超对接"供应链定价及合同设计[J].中国管理科学,2018,26(06):153-166.

[125] 李芳,马鑫,洪佳,等.政府规制下非对称信息对闭环供应链差别定价的影响研究[J].中国管理科学,2019,27(07):116-126.

[126] 张玉春,冯昱.非对称信息下闭环供应链回收品质量控制系统动力学分析[J].统计与决策,2019,35(01):67-72.

[127] 康晨阳,戴更新.信息不对称时混合销售和回收下闭环供应链的定价策略[J].物流科技,2018,41(05):111-114,118.

[128] 张强,戴更新.信息不对称时双渠道回收下闭环供应链的定价策略[J].物流科技,2017,40(08):108-111,141.

[129] 曹华林,秦琼,景熠.非对称信息下再制造产品质量控制决策研究[J].工业技术经济,2016,35(12):19-27.

[130] GUAN Z, YE T, YIN R. Channel coordination under Nash bargaining fairness concerns in differential games of goodwill accumulation[J]. European Journal of Operational Research,2020,285(3):916-930.

[131] 王文宾,赵学娟,张鹏,等.双重信息不对称下闭环供应链的激励机制研究[J].中国管理科学,2016,24(10):69-77.

[132] 高鹏,谢忠秋,谢印成.不对称信息下零售商主导的闭环供应链协作机制[J].工业工程,2013,16(01):79-85.

[133] 韩小花,薛声家.不对称信息下闭环供应链的合作机制分析[J].计算机集成制造系统,2008,14(4):731-736,743.

# 第4章　初始投入的闭环供应链回收渠道决策

## 4.1 引　言

经济利益是企业主动或者前瞻性地实施闭环供应链管理的根本原因,在实际生产中,回收量的增加并非一定能带来企业利润的提升,这是因为实际生产中企业生产计划随市场需求变化在不断调整,废品再利用技术也在不断革新。制造商在不同时期对于同一种产品的回收需求以及在同一时期对于不同产品的回收需求都是不同的,在这种情况下企业应该结合自身生产容量以及回收利润水平动态调整回收价格,将回收量控制在一个最优的范围之内,而非一味地追求高回收。此外,由于不同成员担任回收方所需要的前期投入不同,所以在实际生产中,为了确保利润最大化以及供应链各成员间利润分配合理。因此,选择回收模式时,应当考虑其实际初始投入差异。

本章首先建立了初始投入相同、回收量随回收价呈非线性变化的优化模型,通过对求解结果的分析,得出回收量与企业利润并非同步增长的结论。在此基础上,本章又进一步讨论了初始系数存在差异的情况,并对比分析了差异较小和差异较大情形下各参与方的利润值以及利润分配情况,比较结果将使企业对回收渠道的选择增加新的认识。

## 4.2 回收量与回收价非线性正相关情形下的闭环回收模型

在回收市场中,片面地追求高回收率并不一定能给企业带来高经济效益。这是因为,企业的回收处理能力受到企业经济实力和市场容量限制。在这个假设的基础上,本章将引入回收量与回收价格的非线性函数来建立模型,在各参与方利润最大化的情况下,探讨最优回收量以及其对应的最优回收价格。此外,闭环供应链建立过程中涉及初期投入这部分成本,供应链不同成员进行回收也会导致初期投入不同,讨论闭环供应链利润提升问题时,应根据这一部分成本的不同来具体问题具体分析。据此,本章针对制造商回收(Manufacturer Take-back,MT)、零售商回收(Retailer Take-back,RT)和第三方回收(Third Party Take-back,TPT)这3种典型回收模式展开研究,讨论在供应链各成员所需初始投入不同的情况下,如何根据企业实际生产规模来进行渠道选择。

### 4.2.1 模型描述

考虑这样的闭环供应链系统,在正向供应链的末端,回收方从消费者手中买回废旧品,拆解、整理后由原制造商回购,经过翻修、改造用于新一轮的产品生产,再卖给下游的分销商在市场上销售,在不考虑市场需求不确定性和回收不确定性的情况下,我们可以设定如下变量:

$c_m$:新产品单件制造成本;

$c_r$:回收品单件再制造成本;

$w$:单位新产品的批发价格(批发价格由制造商制定);

$p$:单位新产品的零售价格(零售价格由零售商制定);

$r$:废旧产品的单位回收价格;

$b$:由制造商支付给回收方的单位废旧品回收转移价格;

$G(r)$:回收量,回收量是回收价格 $r$ 的增函数,满足 $G(r)=\alpha r^k$,其中 $\alpha$ 为换算常数,$k$ 为价格敏感系数($1<k<2$);

$I$：回收渠道的建设费用，满足 $I=B_i(\phi-p)$，$(i=M,R,T)$。(其中，$B_M$、$B_R$ 和 $B_T$ 分别代表制造商、零售商和第三方回收的渠道初始投入系数)；

$\Pi_i^j$：利润函数，表示 $i$ 类成员在模式 $j$ 下的闭环供应链利润。

模型的构建基于以下假设条件：

(1) 假设闭环供应链中成员的决策方式为完全信息下的 Stackelberg 博弈，且制造商为博弈的领导者。供应链全体成员均以自身利润最大化为决策目标。

(2) 回收的产品最终会没有损失地到达制造商，并且全部用于再制造。

(3) 消费者对于新产品的需求为线性，需求函数为 $D(p)=\phi-p$，其中 $\phi$ 是市场容量($\phi>c_m+B$)。

(4) 新产品可以完全用原材料生产出来，单位生产成本为 $c_m$；也可以使用一部分回收品的零部件，这种方式的单件生产成本为 $c_r$。假设后一种生产方法比前一种方法节约成本，用 $\Delta$ 表示单件回收品用于再制造而节约的成本，$\Delta=c_m-c_r$。假设产品都通过零售商销售，设制造商给零售商的批发价为 $w$，零售商给顾客的销售价为 $p$，回收方的回收价为 $r$。

(5) 在制造商回收模式中，制造商通过支付回收价 $r$ 直接获得回收品。而在第三方回收模式和零售商回收模式中，零售商或者第三方先拥有回收品，制造商为了获取回收品，必须向第三方或者零售商支付转让价格，转让价用 $b$ 表示。显然，$\Delta$、$b$、$r$ 之间的关系为：$r \leq b \leq \Delta$。

## 4.2.2 初始投入系数相同的闭环供应链模型

为了分析在分散决策下供应链各成员利润与回收量之间的关系，便于比较不同回收模式下各参数的大小，初步设定不同回收方的回收初始系数相同，即 $B_M=B_R=B_T=B$。然后，运用逆向分析法对 3 种不同的回收模式依次分析。

(1) 制造商回收模式

制造商回收模式中，回收工作由制造商完成，回收模型如图 4.1 所示。

该模式中制造商、零售商利润函数分别为

$$\Pi_M^{MT} = (w-c_m)(\phi-p) + \Delta G(r) - I - rG(r) \tag{4.1}$$

$$\Pi_R^{MT} = (p-w)(\phi-p) \tag{4.2}$$

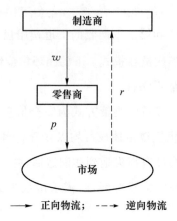

图 4.1 制造商回收模式的回收模型

将 $G(r)=\alpha r^k$ 和 $I=B(\phi-p)$ 代入式(4.1),得

$$\Pi_M^{MT} = (w-c_m)(\phi-p) + \Delta\alpha r^k - B(\phi-p) - r\alpha r^k \quad (4.3)$$

用逆向归纳法求解供应链中各成员的最大利润。首先,将零售商利润看作关于零售价 $p$ 的函数,求导易得最优零售价格表达式:

$$p^{MT*} = (\phi+w)/2 \quad (4.4)$$

将式(4.4)代入式(4.3),可以得到零售商利润最大化下制造商利润的表达式:

$$\max_{w,r} \Pi_M^{MT} = (w-c_m)(\phi-w)/2 + \Delta\alpha r^k - B(\phi-p) - \alpha r^{k+1} \quad (4.5)$$

运用 Mathematica 软件,对利润公式进行求导,解得最优批发价格为

$$w^{MT*} = (\phi+c_m+B)/2 \quad (4.6)$$

最优零售价格为

$$p^{MT*} = \frac{1}{2}\left[\phi + \frac{1}{2}(B+\phi+c_m)\right] \quad (4.7)$$

最优回收价格为

$$r^{MT*} = \Delta k/(k+1) \quad (4.8)$$

最优回收量为

$$G(r)^{MT*} = \alpha\left(\frac{k\Delta}{1+k}\right)^k \quad (4.9)$$

零售商最大利润为

$$\Pi_R^{MT*} = \frac{1}{16}(B-\phi+c_m)^2 \quad (4.10)$$

制造商最大利润为

$$\Pi_{\mathrm{M}}^{\mathrm{T}*} = \frac{8a\Delta\left(\frac{k\Delta}{1+k}\right)^k + \phi^2 + k\phi^2 - 8(1+k)B\left[\frac{1}{4}(-B+\phi-c_{\mathrm{m}})\right] - 2(1+k)\phi c_{\mathrm{m}} + (1+k)c_{\mathrm{m}}^2 - B^2(1+k)}{8(1+k)}$$

(4.11)

(2) 零售商回收模式

零售商回收模式中,回收工作由零售商完成,回收模型如图 4.2 所示。

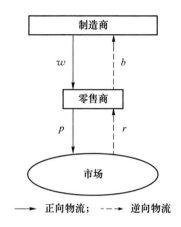

图 4.2 零售商回收模式的回收模型

该模式中,制造商、零售商利润函数分别为

$$\Pi_{\mathrm{M}}^{\mathrm{RT}} = (w - c_{\mathrm{m}})(\phi - p) + \Delta G(r) - bG(r) \qquad (4.12)$$

$$\Pi_{\mathrm{R}}^{\mathrm{RT}} = (p - w)(\phi - p) - I - rG(r) + bG(r) \qquad (4.13)$$

将 $G(r) = ar^k$ 和 $I = B(\phi - p)$ 代入式(4.12)和(4.13)得

$$\Pi_{\mathrm{M}}^{\mathrm{RT}} = (w - c_{\mathrm{m}})(\phi - p) + \Delta ar^k - bar^k \qquad (4.14)$$

$$\Pi_{\mathrm{R}}^{\mathrm{RT}} = (p - w)(\phi - p) - B(\phi - p) - rar^k + bar^k \qquad (4.15)$$

运用逆向归纳法对零售商利润进行分析,得零售商利润最大化下其利润表达式:

$$\max_{p,r} \Pi_{\mathrm{R}}^{\mathrm{RT}} = (p - w)(\phi - p) - B(\phi - p) - rar^k + bar^k \qquad (4.16)$$

使用 Mathematica 软件,对利润公式进行求导,易解得最优零售价格和最优回收价格:

$$p^{\mathrm{RT}*} = (\phi + w + B)/2 \qquad (4.17)$$

$$r^{\mathrm{RT}*} = bk/(1+k) \qquad (4.18)$$

在此基础上,制造商的最大化利润为

$$\max_{w,b} \Pi_M^{RT} = (\phi - p^{RT*})(w - c_m) - b\alpha (r^{RT*})^k + \alpha\Delta (r^{RT*})^k \qquad (4.19)$$

最优批发价格为

$$w^{RT*} = (\phi + c_m - B)/2 \qquad (4.20)$$

最优零售价格为

$$p^{RT*} = (B + 3\phi + c_m)/4 \qquad (4.21)$$

最优补贴价格为

$$b^{RT*} = \Delta k/(1+k) \qquad (4.22)$$

最优回收价格为

$$r^{RT*} = \frac{k^2 \Delta}{(1+k)^2} \qquad (4.23)$$

最优回收量为

$$G(r)^{RT*} = \alpha \frac{k^{2k} \Delta^k}{(1+k)^{2k}} \qquad (4.24)$$

零售商最大利润为

$$\Pi_R^{RT*} = \frac{k\alpha\Delta \left[\frac{k^2\Delta}{(1+k)^2}\right]^k}{1+k} - \alpha\left[\frac{k^2\Delta}{(1+k)^2}\right]^{1+k} - B\left[\frac{1}{4}(-B+\phi-c_m)\right] - \frac{1}{16}(3B+\phi-c_m)(B-\phi+c_m) \qquad (4.25)$$

制造商最大利润为

$$\Pi_M^{RT*} = \frac{B^2(1+k) + 8\alpha\Delta\left[\frac{k^2\Delta}{(1+k)^2}\right]^k - 2B(1+k)\phi + \phi^2 + k\phi^2 + 2(1+k)(B-\phi)c_m + (1+k)c_m^2}{8(1+k)} \qquad (4.26)$$

(3) 第三方回收模式

第三方回收模式中,回收工作完全由第三方承担,制造商给予第三方一定的补偿价格来获取回收后可再利用的产品,此模式的回收模型如图 4.3 所示。

该模式中,制造商、零售商、第三方利润函数分别为

$$\Pi_M^{TPT} = (w - c_m)(\phi - p) + \Delta G(r) - bG(r) \qquad (4.27)$$

$$\Pi_R^{TPT} = (p - w)(\phi - p) \qquad (4.28)$$

$$\Pi_T^{TPT} = bG(r) - I - rG(r) \qquad (4.29)$$

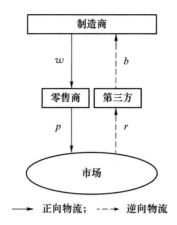

图 4.3 第三方回收模式的回收模型

将 $G(r)=\alpha r^k$ 和 $I=B(\phi-p)$ 代入式(4.27)和式(4.29)得

$$\Pi_M^{TPT} = (w-c_m)(\phi-p) + \Delta\alpha r^k - b\alpha r^k \tag{4.30}$$

$$\Pi_T^{TPT} = b\alpha r^k - B(\phi-p) - r\alpha r^k \tag{4.31}$$

依旧使用逆向归纳法求解供应链中各成员的最大利润。首先分析零售商最大利润,由于其不涉及回收过程,所以用与制造商回收模式相同的方法求得最优零售价,为

$$p^{TPT*} = (\phi+w)/2 \tag{4.32}$$

将最优零售价代入第三方利润函数,得第三方最大利润函数:

$$\max_r \Pi_T^{TPT} = b\alpha r^k - B(\phi-w)/2 - r\alpha r^k \tag{4.33}$$

因此,回收价表达式为

$$r^{TPT*} = kb/(k+1) \tag{4.34}$$

在此基础上,求得最大化制造商利润:

$$\max_{w,b} \Pi_M^{TPT} = (w-c_m)(\phi-p^{TPT*}) + \Delta\alpha(r^{TPT*})^k - b\alpha(r^{TPT*})^k \tag{4.35}$$

将式(4.32)和(4.34)代入式(4.35),依旧运用 Mathematica 软件求解最优化问题,算得最优批发价为

$$w^{TPT*} = (\phi+c_m)/2 \tag{4.36}$$

最优补贴价格为

$$b^{TPT*} = \Delta k/(1+k) \tag{4.37}$$

最优销售价格为

$$p^{\text{TPT}*} = (3\phi + c_m)/4 \tag{4.38}$$

最优回收价格为

$$r^{\text{TPT}*} = \frac{k^2\Delta}{(1+k)^2} \tag{4.39}$$

最优回收量为

$$G(r)^{\text{TPT}*} = \alpha \frac{k^{2k}\Delta^k}{(1+k)^{2k}} \tag{4.40}$$

制造商最大利润为

$$\Pi_M^{\text{TPT}*} = \frac{8\alpha\Delta\left[\frac{k^2\Delta}{(1+k)^2}\right]^k + (1+k)\phi^2 - 2(1+k)\phi c_m + (1+k)c_m^2}{8(1+k)} \tag{4.41}$$

零售商最大利润为

$$\Pi_R^{\text{TPT}*} = \frac{1}{16}(\phi - c_m)^2 \tag{4.42}$$

第三方最大利润为

$$\Pi_T^{\text{TPT}*} = \frac{k\alpha\Delta\left[\frac{k^2\Delta}{(1+k)^2}\right]^k - (1+k)^2 B\left[\frac{1}{4}(-B + \phi - c_m)\right]}{(1+k)^2} \tag{4.43}$$

通过建模求解，可以得到 3 种不同回收模式下，回收价格、回收量、零售价格、批发价格、补偿价格，以及供应链成员的利润函数如表 4.1 所示。

表 4.1 初始系数相同情况下各回收模式的参数汇总表

| 参数 | 制造商回收 | 零售商回收 | 第三方回收 |
| --- | --- | --- | --- |
| $w^*$ | $(\phi + c_m + B)/2$ | $(\phi + c_m - B)/2$ | $(\phi + c_m)/2$ |
| $p^*$ | $(B + 3\phi + c_m)/4$ | $(B + 3\phi + c_m)/4$ | $(3\phi + c_m)/4$ |
| $b^*$ | — | $\Delta k/(1+k)$ | $\Delta k/(1+k)$ |
| $r^*$ | $\dfrac{\Delta k}{(k+1)}$ | $\dfrac{k^2\Delta}{(1+k)^2}$ | $\dfrac{k^2\Delta}{(1+k)^2}$ |
| $G(r)^*$ | $\alpha\left(\dfrac{k\Delta}{1+k}\right)^k$ | $\alpha\dfrac{k^{2k}\Delta^k}{(1+k)^{2k}}$ | $\alpha\dfrac{k^{2k}\Delta^k}{(1+k)^{2k}}$ |
| $\Pi_M^*$ | $\alpha k^k\left(\dfrac{\Delta}{1+k}\right)^{1+k} + \dfrac{\phi^2 + c_m^2 - B^2}{8} - \dfrac{B(\phi - c_m - B) + \phi c_m}{4}$ | $[B^2(1+k) + 8\alpha\Delta\left(\dfrac{k^2\Delta}{(1+k)^2}\right)^k - 2B(1+k)\phi + \phi^2 + k\phi^2 + 2(1+k)(B-c_m) + (1+k)c_m^2]/[8(1+k)]$ | $[8\alpha\Delta\left(\dfrac{k^2\Delta}{(1+k)^2}\right)^k + (1+k)\phi^2 - 2(1+k)\phi c_m + (1+k)c_m^2]/[8(1+k)]$ |

续表

| 参数 | 制造商回收 | 零售商回收 | 第三方回收 |
|---|---|---|---|
| $\Pi_R^*$ | $\dfrac{1}{16}(B-\phi+c_m)^2$ | $\dfrac{k\alpha\Delta\left[\dfrac{k^2\Delta}{(1+k)^2}\right]^k}{1+k}-\alpha\left[\dfrac{k^2\Delta}{(1+k)^2}\right]^{1+k}-$ $B\left[\dfrac{1}{4}(-B+\phi-c_m)\right]-\dfrac{1}{16}$ $(3B+\phi-c_m)(B-\phi+c_m)$ | $\dfrac{1}{16}(\phi-c_m)^2$ |
| $\Pi_T^*$ | — | — | $\dfrac{k\alpha\Delta\left[\dfrac{k^2\Delta}{(1+k)^2}\right]^k-\dfrac{(1+k)^2 B}{4}(-B+\phi-c_m)}{(1+k)^2}$ |

根据表 4.1 中各参数的表达式,可以得到当回收量与回收价呈非线性关系时,闭环供应链渠道的选择存在以下 2 个命题。

**命题 4.1** 当回收量与回收价呈非线性关系时,在分散决策下,各回收模式的最优批发价、最优零售价以及最优补偿价有如下关系:

$$w^{RT*} \leqslant w^{TPT*} \leqslant w^{MT*}$$
$$p^{TPT*} \leqslant p^{MT*} = p^{RT*}$$
$$b^{RT*} = b^{TPT*}$$

**证明** 由表 4.1 知 $w^{MT*} = \dfrac{(\phi+c_m+B)}{2}$、$w^{RT*} = \dfrac{(\phi+c_m-B)}{2}$、$w^{TPT*} = \dfrac{(\phi+c_m)}{2}$,易得

$$w^{MT*} - w^{RT*} = B$$
$$w^{MT*} - w^{TPT*} = B/2$$
$$w^{TPT*} - w^{RT*} = B/2$$

其中 $B \geqslant 0$,故 $w^{RT*} \leqslant w^{TPT*} \leqslant w^{MT*}$ 得证。

由表 4.1 可知 $p^{MT*} = \dfrac{(B+3\phi+c_m)}{4}$、$p^{RT*} = \dfrac{(B+3\phi+c_m)}{4}$、$p^{TPT*} = \dfrac{(3\phi+c_m)}{4}$,易得

$$p^{MT*} - p^{TPT*} = B/4$$

其中 $B \geqslant 0$,故 $p^{TPT*} \leqslant p^{MT*} = p^{RT*}$ 得证。

由表 4.1 可知 $b^{RT*} = \Delta k/(1+k)$、$b^{TPT*} = \Delta k/(1+k)$,故 $b^{RT*} = b^{TPT*}$ 得证。

**命题 4.2** 当回收量与回收价呈非线性关系时,在分散决策下,各回收模式下

最优回收价、最优回收量以及各方利润之间有如下关系：

$$r^{RT*} = r^{TPT*} < r^{MT*}$$

$$G(r)^{RT*} = G(r)^{TPT*} < G(r)^{MT*}$$

$$\Pi_M^{RT*} \leqslant \Pi_M^{TPT*} < \Pi_M^{MT*}$$

$$\Pi_R^{MT*} < \Pi_R^{TPT*} < \Pi_R^{RT*}$$

**证明** 由表 4.1 可知 $r^{MT*} = \dfrac{\Delta k}{(k+1)}$，$r^{RT*} = \dfrac{k^2 \Delta}{(1+k)^2}$，$r^{TPT*} = \dfrac{k^2 \Delta}{(1+k)^2}$，易得

$$r^{MT*} - r^{RT*} = -\dfrac{\Delta k}{(1+k)^2}$$

其中，$k(k>1)$ 为价格敏感系数，$\Delta(\Delta>0)$ 表示因为回收品而节约的成本，故 $r^{MT*} - r^{RT*} < 0$，$r^{RT*} = r^{TPT*} < r^{MT*}$ 得证。

由表 4.1 可知 $G(r)^{MT*} = \alpha \left(\dfrac{k\Delta}{1+k}\right)^k$，$G(r)^{RT*} = \alpha \dfrac{k^{2k}\Delta^k}{(1+k)^{2k}}$，$G(r)^{TPT*} = \alpha \dfrac{k^{2k}\Delta^k}{(1+k)^{2k}}$，易得

$$G(r)^{MT*} - G(r)^{RT*} = \alpha \left(\dfrac{k\Delta}{1+k}\right)^k (1-k^k)$$

其中 $k>1$，故 $1-k^k<0$，易得 $G(r)^{MT*} - G(r)^{RT*} < 0$。故 $G(r)^{RT*} = G(r)^{TPT*} < G(r)^{MT*}$ 得证。

由表 4.1 可知

$$\Pi_M^{MT*} = \dfrac{8\alpha\Delta\left(\dfrac{k\Delta}{1+k}\right)^k + \phi^2 + k\phi^2 - 8(1+k)B[\dfrac{1}{4}(-B+\phi-c_m)] - 2(1+k)\phi c_m + (1+k)c_m^2 - B^2(1+k)}{8(1+k)}$$

$$\Pi_M^{RT*} = \dfrac{B^2(1+k) + 8\alpha\Delta\left[\dfrac{k^2\Delta}{(1+k)^2}\right]^k - 2B(1+k)\phi + \phi^2 + k\phi^2 + 2(1+k)(B-\phi)c_m + (1+k)c_m^2}{8(1+k)}$$

$$\Pi_M^{TPT*} = \dfrac{8\alpha\Delta\left[\dfrac{k^2\Delta}{(1+k)^2}\right]^k + (1+k)\phi^2 - 2(1+k)\phi c_m + (1+k)c_m^2}{8(1+k)}$$

易得

$$\Pi_M^{MT*} - \Pi_M^{RT*} = \dfrac{\alpha\Delta\left(\dfrac{k\Delta}{1+k}\right)^k \left[1 - \left(\dfrac{k}{1+k}\right)^k\right]}{1+k}$$

其中 $k>1$，$\left(\dfrac{k}{1+k}\right)^k < 1$，故 $\Pi_M^{MT*} - \Pi_M^{RT*} > 0$ 得证。同理可得

$$\Pi_M^{MT*} - \Pi_M^{TPT*} = \dfrac{8\alpha\Delta\left(\dfrac{k\Delta}{1+k}\right)^k \left[1 - \left(\dfrac{k}{1+k}\right)^k\right] + B^2(1+k) + 2B(1+k)(\phi - c_m - B)}{8(1+k)}$$

其中 $\alpha$、$\Delta$、$B$、$c_m$ 均为大于 0 的常数，由产品需求函数 $D(p)=\phi-p$ 可知，由于产品需求量必定为正，故 $\phi-p>0$，即 $\phi>c_m+B$（产品的单位零售价必大于产品生产回收的单位平均成本），所以 $\Pi_M^{MT*}-\Pi_M^{TPT*}>0$ 得证。

$$\Pi_M^{TPT*}-\Pi_M^{RT*}=\frac{B(2\phi-2c_m-B)}{8}$$

已知 $2\phi-2c_m-2B>0$，$B\geqslant 0$ 故 $\Pi_M^{TPT*}-\Pi_M^{RT*}\geqslant 0$。综上，$\Pi_M^{RT*}\leqslant \Pi_M^{TPT*}<\Pi_M^{MT*}$ 得证。

由表 4.1 可知

$$\Pi_R^{MT*}=\frac{1}{16}(\phi-c_m-B)^2$$

$$\Pi_R^{RT*}=\frac{k\alpha\Delta\left[\frac{k^2\Delta}{(1+k)^2}\right]^k}{1+k}-\alpha\left[\frac{k^2\Delta}{(1+k)^2}\right]^{1+k}-$$

$$B\left[\frac{1}{4}(-B+\phi-c_m)\right]-\frac{1}{16}(3B+\phi-c_m)(B-\phi+c_m)$$

$$\Pi_R^{TPT*}=\frac{1}{16}(\phi-c_m)^2$$

可由公式直接看出 $\Pi_R^{MT*}\leqslant \Pi_R^{TPT*}$。继续比较 $\Pi_R^{TPT*}$ 与 $\Pi_R^{RT*}$ 的大小：

$$\Pi_R^{RT*}-\Pi_R^{TPT*}=\frac{16k^2\Delta\left[\frac{k^2\Delta}{(1+k)^2}\right]^k+(1+k)^2 B(2\phi-2c_m-B)}{16(1+k)^2}$$

易知 $\Pi_R^{RT*}-\Pi_R^{TPT*}>0$，验证方法与上述相同。故 $\Pi_R^{MT*}\leqslant \Pi_R^{TPT*}\leqslant \Pi_R^{RT*}$ 得证。

### 4.2.3 初始投入系数不同的闭环供应链模型

在模型假设中设定回收方在回收初期对于回收的宣传投资以及通道建立要支出一笔费用。这笔费用称为初始投资，用 $I$ 来表示，$I=BG(r)$，其中 $B$ 为初始投入系数。在实际生产中，不同的供应链成员负责回收时，对应的初始回收系数也会不同，这是因为各成员所具有的回收优势不同。所以，选择回收渠道时应当考虑不同回收模式下初始投入存在差异的问题，根据实际生产计划选择恰当的回收渠道。在不同情况下赋予初始投入系数 $B$ 不同的值：制造商回收时，$B=B_M$；零售商回收时，$B=B_R$；第三方回收时，$B=B_T$。

将表 4.1 中的初始投入系数 $B$ 分别用 $B_M$、$B_R$ 和 $B_T$ 替换，得到不同初始投入系数下各回收模式的参数汇总表,如表 4.2 所示。

表 4.2 不同初始投入系数下各回收模式的参数汇总表

| 参数 | 制造商回收 | 零售商回收 | 第三方回收 |
|---|---|---|---|
| $w^*$ | $(\phi+c_m+B_M)/2$ | $(\phi+c_m-B_R)/2$ | $(\phi+c_m)/2$ |
| $p^*$ | $(B_M+3\phi+c_m)/4$ | $(B_R+3\phi+c_m)/4$ | $(3\phi+c_m)/4$ |
| $b^*$ | — | $\Delta k/(1+k)$ | $\Delta k/(1+k)$ |
| $r^*$ | $\dfrac{\Delta k}{k+1}$ | $\dfrac{k^2\Delta}{(1+k)^2}$ | $\dfrac{k^2\Delta}{(1+k)^2}$ |
| $G(r)^*$ | $\alpha\left(\dfrac{k\Delta}{1+k}\right)^k$ | $\alpha\dfrac{k^{2k}\Delta^k}{(1+k)^{2k}}$ | $\alpha\dfrac{k^{2k}\Delta^k}{(1+k)^{2k}}$ |
| $\Pi_M^*$ | $\alpha k^k\left(\dfrac{\Delta}{1+k}\right)^{1+k}+\left(\dfrac{\phi^2+c_m^2-B_M^2}{8}\right)-\left[\dfrac{B_M(\phi-c_m-B_M)+\phi c_m}{4}\right]$ | $[B_R^2(1+k)+8\alpha\Delta\dfrac{(k^2\Delta)^k}{(1+k)^{2k}}-2B_R(1+k)\phi+\phi^2+k\phi^2+2(1+k)(B_R-\phi)c_m+(1+k)c_m^2]/8(1+k)$ | $[8\alpha\Delta\dfrac{(k^2\Delta)^k}{(1+k)^{2k}}+(1+k)\phi^2-2(1+k)\phi c_m+(1+k)c_m^2]/[8(1+k)]$ |
| $\Pi_R^*$ | $\dfrac{1}{16}(B_M-\phi+c_m)^2$ | $\dfrac{k\alpha\Delta\left[\dfrac{k^2\Delta}{(1+k)^2}\right]^k}{1+k}-\alpha\left[\dfrac{k^2\Delta}{(1+k)^2}\right]^{1+k}-B_R\left[\dfrac{1}{4}(-B_R+\phi-c_m)\right]-\dfrac{1}{16}(3B_R+\phi-c_m)(B_R-\phi+c_m)$ | $\dfrac{1}{16}(\phi-c_m)^2$ |
| $\Pi_T^*$ | — | — | $\left[k\alpha\Delta\dfrac{(k^2\Delta)^k}{(1+k)^{2k}}-\dfrac{(1+k)^2}{4}B_T\times(-B_T+\phi-c_m)\right]/(1+k)^2$ |

# 4.3 回收量与回收价非线性正相关情形下的闭环回收模型结果讨论

## 4.3.1 回收量与回收方利润关系分析

根据表 4.1 可知,在分散决策下,无论哪种回收方式,回收量都不绝对正比于参与方利润;参与方利润取最大值时,回收量也并非取理论极值(理论极值为销售总量)。故无论采用何种回收模式,要谋求回收方利润最大值或者闭环供应链整体利润最大值,应当通过计算选取适当的回收价格,将回收量控制在合理范围内。

## 4.3.2 回收量与回收价非线性正相关情况下不同回收渠道的比较

当各回收方的初始投入系数相同时,即不考虑回收方回收条件存在天然差异的情况,通过参数计算可以分析出市场调控下各回收模式的回收特性。

可以看出,在仅追求回收方利润最大的情况下,制造商回收模式给出的回收价格最高,对应的回收量也要高于其他两种回收模式。即,实际生产时,在闭环供应链成员均追求自身利益最大化的情况下,制造商回收模式更有利于形成收益、环保双赢局面。

当比较制造商回收模式和零售商回收模式时,可以发现两者的最优零售价是相同的,即两者具有相同的市场需求,但是零售商回收模式下的回收价格却要低于制造商回收模式下的回收价格,这是因为两者的利润构成存在差异。零售商回收模式的回收方利润主要来源于零售价与批发价间的差价、回收价和补偿价之间的差价。如果回收方为了追求回收量而提高回收价格,势必会缩小上述差价从而影响自身利润。故在零售商回收模式中,回收方会利用自身直面市场的优势,调控回收量以追求自身利益最大。

在第三方回收模式中,最优回收价及其对应的回收量、所获取的补偿价格与零售商回收模式相同,故当制造商无力进行自主回收的时候,无论委托哪一方进行回收,所需支付的补偿价格均相同。但是在第三方回收模式中,当回收方追求自身利益最大化时,对应的批发价最高、零售价最低,这使得制造方在委托代理回收业务时会优先考虑第三方。此外,较低的零售价除了会降低市场需求还会危害零售商的利润。由此可见,在委托代理回收模式中,第三方与零售商存在竞争关系。

## 4.3.3 初始投入系数对回收渠道选择的影响分析

由表 4.2 可知,初始投入系数不同对补偿价格 $b$、回收价格 $r$ 以及回收量 $G(r)$ 没有影响,但对批发价格 $w$、零售价格 $p$ 以及各参与方利润 $\Pi_j$ 有影响。其中,由于初

始投入系数 $B$ 的取值远小于参数 $\phi$ 和 $c_m$，故其对批发价和零售价的影响可以忽略不计。重点讨论不同 $B$ 值对各方利润所造成的影响，具体结果由于数值的不确定而不能直观地进行分析。因此，我们将在算例中带入具体的 $B$ 值进行讨论。

## 4.4 算例分析

某冰箱制造商生产一种机型的冰箱，以单一批发价批发给各专卖店进行销售，为了节约成本，每年回收废旧冰箱进行拆解再利用。根据厂家数据，冰箱的原始制造成本为 1600 元/台，回收再制造成本 1000 元/台，故制造商可以通过回收节约成本 600 元，即 $\Delta=600$。假设：历年冰箱销售量和销售价格的函数关系为销售量（台）$=3400-$零售价格（元·件$^{-1}$），即 $\phi=3400$；回收过程中，初始投入系数 $B=2$，价格敏感系数 $k=2$，换算常数 $\alpha=0.015$。

### 4.4.1 初始投入系数相同情况下的利润参数敏感性分析

以上述案例数据为依据，计算在初始投入系数相同的情况下，不同回收模式下各模型参数的数值，将案例数据代入各参数的运算公式，计算结果如表 4.3 所示。

表 4.3 初始投入系数相同情况下 3 种回收模式实例参数比较

| 参数 | 制造商回收 | 零售商回收 | 第三方回收 |
| --- | --- | --- | --- |
| 回收价格/(元·台$^{-1}$) | 400 | 266.7 | 266.7 |
| 回收量/台 | 2 400 | 1 066.8 | 1 066.8 |
| 零售价格/(元·台$^{-1}$) | 2 950.5 | 2 950.5 | 2 950 |
| 批发价格/(元·台$^{-1}$) | 2 501 | 2 499 | 2 500 |
| 制造商利润/元 | 884 101 | 135 962 | 618 387 |
| 零售商利润/元 | 202 050 | 344 272 | 202 500 |
| 第三方利润/元 | — | — | 141 323 |

由表 4.3 中的结果可以看出：制造商回收模式下，制造商利润最大、供应链整体利润最大，但收益差距较为悬殊；零售商回收模式下，零售商利润最大，供应链整体利润较小但收益分配较为均等；第三方回收模式下，供应链整体利润较高，从利

益分配的情况看,制造商利润要高于零售商回收模式下的制造商利润,但零售商利润降低,整体情况与结论分析相符。

## 4.4.2 初始投入系数不同情况下的利润参数敏感性分析

针对本节算例,探索不同回收模式下,初始投入系数的变化对利润参数的影响。

(1) 制造商初始投入较大情况

令 $B_M=5\beta, B_R=2\beta, B_T=\beta$,其中 $\beta=10,20,30,\cdots,100$。将不同 $B$ 值代入计算,可得不同回收模式、制造商初始投入较大情况下初始投入系数对各方利润的影响,如图 4.4~图 4.6 所示。

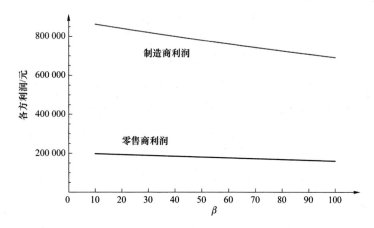

图 4.4 制造商回收模式下初始投入系数对各方利润的影响

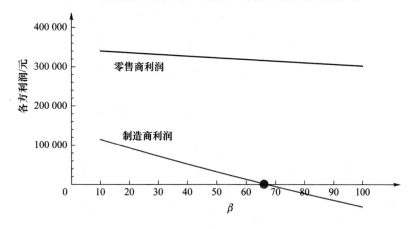

图 4.5 零售商回收模式下初始投入系数对各方利润的影响

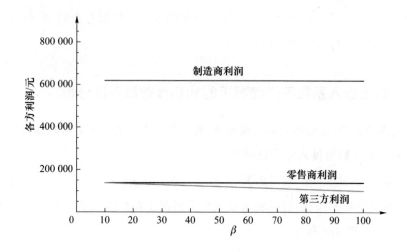

图 4.6　第三方回收模式下初始投入系数对各方利润的影响

该条件下的模型讨论的是一种制造商回收能力较弱(初始投入较高),零售商、第三方回收能力占优(初始投入较低)的情况。由图 4.4 可知,当初始投入系数差异较小时,即制造商回收劣势不明显时,制造商在制造商回收模式下获得的利润份额要远高于在零售商回收模式下获得的利润份额,而随着初始投入系数差异的增大,这一趋势也仍然存在。由图 4.5 可知,当初始投入差异较大时,制造商利润迅速下降,甚至出现亏损现象,这种利润分配极不均等,势必导致合作双方关系的破裂。由图 4.6 可知,在第三方回收模式下,制造商获取的利润份额明显大于零售商和第三方,三方利润增势较为平缓。由此可见,当初始投入差异不明显时,存在回收劣势的制造商并非一定要选择委托代理的回收模式,制造商回收模式或者第三方回收模式均可以作为备选方案。

(2) 零售商初始投入较大情况

令 $B_M=5\beta$、$B_R=10\beta$、$B_T=2\beta$,其中 $\beta=10,20,30,\cdots,100$。将不同 $B$ 值代入计算可得不同回收模式、零售商初始投入较大情况下初始投入系数对各方利润的影响,如图 4.7~图 4.9 所示。

这一组数据反映的现实情况是,零售商由于负责多种产品的宣传、销售及售后,无法集中精力设定适合特定产品的回收方案,故在回收初期要进行巨额投资。与此同时,制造商以及第三方根据对产品的了解,可以设定高效低损的回收方案,故在回收初期可以有较少的投入。在这一情况下,零售商要根据自身盈利情况来选择是否启动回收项目。

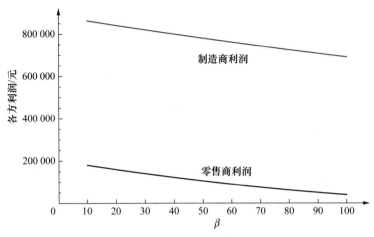

图 4.7 制造商回收模式下初始投入系数对各方利润的影响

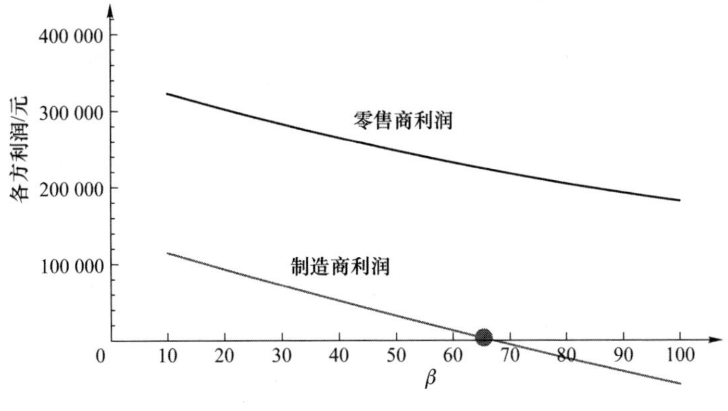

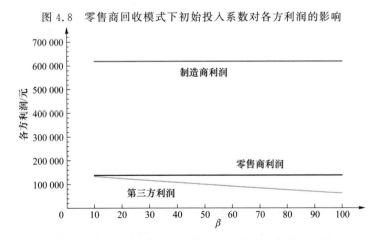

图 4.8 零售商回收模式下初始投入系数对各方利润的影响

图 4.9 第三方回收模式下初始投入系数对各方利润的影响

（3）第三方初始投入占优情况

令 $B_M=2\beta$、$B_R=2\beta$、$B_T=\beta$，其中 $\beta=10,20,30,\cdots,100$。将不同 $B$ 值代入计算可得不同回收模式、第三方初始投资占优情况下初始投入系数对各方利润的影响，如图 4.10～图 4.12 所示。

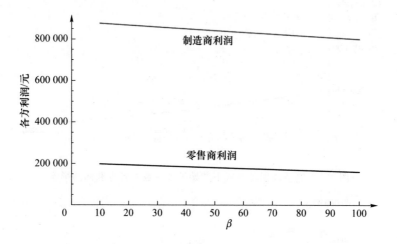

图 4.10 制造商回收模式下初始投入系数对各方利润的影响

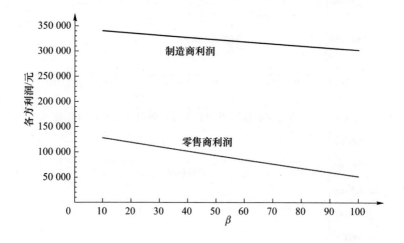

图 4.11 零售商回收模式下初始投入系数对各方利润的影响

这一组数据反映的现实情况是，由于第三方具备专业的人才和完备的技术，在制定回收方案、物流调配方案方面都有强大的技术支持和经验共享，故在初始投入方面投入较小。在这一情况下，制造商和零售商的高回收率优势有可能与之相抵

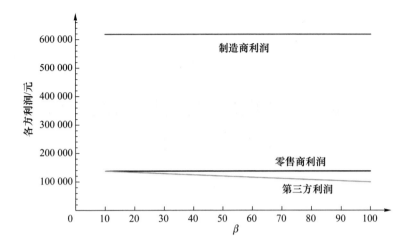

图 4.12 第三方回收模式下初始投入系数对各方利润的影响

消。为了方便分析，可以设定制造商和零售商具有同等的回收困难。将图 4.10 和图 4.11 对比可知，随初始投入系数差异的增大，制造商回收模式的利润分配情况没有出现明显变化，但这种模式下，制造商占有了绝大部分利润，故合作双方的关系较脆弱；在零售商回收模式中，这种利润分配的不均等同样出现，且随着初始投入系数的增大，这种利润分配的不均等越发严重。故在第三方回收占优情况下，相比制造商回收模式，零售商回收模式的形成更加艰难。由图 4.12 可知，在第三方回收模式中，初始投入上的优势弥补了回收率低的劣势，于是第三方获取了可观的利润份额。但是，随着初始投入系数的增大，第三方的利润份额减小了，这是因为低初始投入是作为专门经营回收业务的第三方获取利益的重要保障，如果这一投入绝对值较大，那么无论与制造商和零售商拉开多大差距，都不足以弥补第三方利益的损失。

# 第5章 回收品具差异的两阶段混合生产决策

## 5.1 引 言

现阶段对于制造型企业来说,大力发展再制造技术不仅顺应我国发展循环经济的要求,更重要的是为企业自身能够在产品竞争市场中取得更大份额的市场占有率。因此,对再制造产品生产计划的研究对于企业合理分配资源与产能就有着极为重要的现实意义。

本章假设了产品的两个阶段。第一阶段只存在制造商且制造商只生产新产品;第二阶段出现了与制造商竞争的再制造商,通过对第一阶段回收的废旧产品进行再制造,生产再制造产品 a 和再制造产品 b,此阶段同时出现 3 种产品进行竞争。分别通过对第一阶段和第二阶段利用博弈论和拉格朗日乘子法的原理进行建模,讨论制造商和再制造商的最优生产计划。研究结果表明:制造商生产的新产品在第二阶段由于再制造产品的竞争不得不降低定价以保证一定的市场份额,并且受再制造产品价值折扣的影响,在制定生产计划时新产品的生产量应低于第一阶段;对于再制造商而言,再制造产品 a 和再制造产品 b 的生产量不仅受到它们价值折扣的相互制约,还与废旧产品的回收率密切相关,当回收率达到一定值时,再制造产品 a 和再制造产品 b 的市场需求量都呈增长趋势,因此再制造商应通过努力提高废旧产品回收率的方式达到增加总利润的目的。

## 5.2 制造商与再制造商两阶段混合生产决策模型

在寡头垄断市场竞争环境下,市场将出现两个不同的阶段:第一阶段只存在制造商生产新产品;第二阶段制造商与再制造商同时存在,并出现新产品与存在质量差异的再制造产品 a 和再制造产品 b 之间的竞争情形。本章通过博弈论的相关知识与拉格朗日乘子法对上述问题进行研究,并在假设范围内对参数进行具体赋值仿真,讨论制造商和再制造商的最优生产计划。

### 5.2.1 问题描述

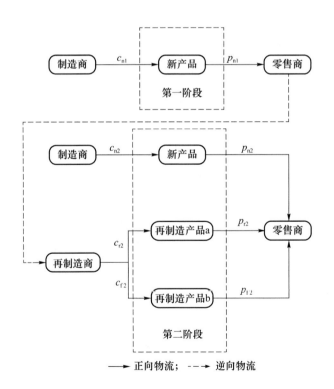

图 5.1 两阶段闭环供应链

如图 5.1 所示,在第一阶段中,设制造商生产新产品的成本为 $c_{n1}$,并以 $p_{n1}$ 的价格将新产品提供给零售商,再由零售商以 $\omega_{n1}$ 的售价提供给消费者;在第二阶段中,制造商生产新产品的成本为 $c_{n2}$,并以 $p_{n2}$ 的价格将新产品提供给零售商;与此同时,在第二阶段新加入的再制造商分别以 $c_{r2}$、$c_{f2}$ 的成本生产再制造产品 a 和再制造产品 b,并分别以 $p_{r2}$、$p_{f2}$ 的价格将再制造产品 a 和再制造产品 b 提供给零售商。假设 $q_{n1}$ 为第一阶段新产品的销量,$q_{n2}$、$q_{r2}$、$q_{f2}$ 分别为第二阶段新产品、再制造产品 a 和再制造产品 b 的销量,$Q$ 为产品潜在的市场容量,$\pi$ 为利润函数,$\alpha$ 和 $\beta$ 分别为再制造产品 a 和再制造产品 b 的价值折扣,$\lambda$ 为再制造商的拉格朗日系数,上标 * 表示最优值,下标 M、R、RM 分别表示制造商、零售商和再制造商。

本章为方便分析,对模型做出如下假设:

**假设 1** 市场中只存在一个制造商和一个再制造商。在第一阶段中,只有制造商生产新产品;在第二阶段中,再制造商进入市场,同时生产具有不同价值折扣的再制造产品 a 和再制造产品 b,此时制造商仍只生产新产品。

**假设 2** 在第一阶段制造商和零售商的博弈中,制造商为 Stackelberg 博弈的领导者,零售商为追随者;在第二阶段,制造商和再制造商均为独立的决策者。

**假设 3** 由于第一阶段所产生的回收品具有差异性,因此再制造过程将生产出具有差异性的再制造产品 a 和再制造产品 b,其中再制造产品 b 无论是生产工艺还是复杂程度,均低于再制造产品 a。假设制造商的生产工艺和技术较为稳定,在第二阶段中不受再制造商的影响,于是有 $c_{f2}<c_{r2}<c_{n2}=c_{n1}$(假设回收成本已包含在再制造成本中);再制造产品 a 和再制造产品 b 分别存在价值折扣 $\alpha$ 和 $\beta$,且 $0<\beta<\alpha<1$;3 种产品由于本身差异而具有不同的定价,这会影响零售商对产品的选择,从而构成不同的市场情况,于是有 $p_{f2}<p_{r2}<p_{n2}$。

**假设 4** 再制造商对第一阶段中的产品进行回收再利用时,首先不能保证第一阶段的所有产品能全部回收,其次在再制造过程中并不是所有回收的产品都能够再利用。所以,考虑到实际的生产情况,假设 $\gamma(0<\gamma<1)$ 为再制造商进行再制造时对废旧产品的利用率。

**假设 5** 零售商在第一阶段对新产品的需求函数为

$$q_{n1} = Q - p_{n1} \tag{5.1}$$

零售商在第二阶段对新产品、再制造产品 a 和再制造产品 b 的需求函数分别为

$$q_{n2} = Q - \frac{p_{n2} - p_{r2}}{1 - \alpha} \tag{5.2}$$

$$q_{r2} = \frac{p_{n2} - p_{r2}}{1-\alpha} - \frac{p_{r2} - p_{f2}}{\alpha - \beta} \tag{5.3}$$

$$q_{f2} = \frac{\beta p_{r2} - \alpha p_{f2}}{\beta(\alpha - \beta)} \tag{5.4}$$

### 5.2.2 生产决策模型

(1) 第一阶段决策模型

如图 5.1 所示，在第一阶段只有一个制造商向零售商提供新产品。由假设 2 可知在制造商和零售商形成的 Stackelberg 博弈中，制造商作为领导者使得自己的利润最大化。在这一阶段中采用逆向求解法进行计算。

零售商的利润函数为

$$\pi_R = (\omega_{n1} - p_{n1}) q_{n1} \tag{5.5}$$

将式(5.1)代入式(5.5)得

$$\pi_R = (\omega_{n1} - p_{n1})(Q - p_{n1}) \tag{5.6}$$

对式(5.6)求关于 $\omega_{n1}$ 的一阶偏导数得

$$\frac{\partial \pi_R}{\partial \omega_{n1}} = Q - 2\omega_{n1} + p_{n1}$$

对式(5.6)求关于 $\omega_{n1}$ 的二阶偏导数得

$$\frac{\partial^2 \pi_R}{\partial (\omega_{n1})^2} = -2 < 0$$

故当一阶偏导为零时存在原函数的最优解，即 $Q - 2\omega_{n1} + p_{n1} = 0$，得最优解为

$$\omega_{n1}^* = \frac{Q + p_{n1}}{2}$$

将最优解代入式(5.1)得最优销量：

$$q_{n1}^* = \frac{Q - p_{n1}}{2}$$

此时，制造商的利润函数为

$$\pi_{M1} = (p_{n1} - c_{n1})\left(\frac{Q - p_{n1}}{2}\right) \tag{5.7}$$

类似地，对式(5.7)分别求一阶和二阶偏导数，由 $\dfrac{Q + c_{n1} - 2p_{n1}}{2} = 0$ 得

$$p_{n1}^* = \frac{Q+c_{n1}}{2}$$

将其代入 $\omega_{n1}^*$、$q_{n1}^*$，得

$$\omega_{n1}^* = \frac{3Q+c_{n1}}{4}, \quad q_{n1}^* = \frac{Q-c_{n1}}{4}$$

**命题 5.1** 在只存在一个制造商并且其只提供新产品的第一阶段，制造商的最优生产量为 $q_{n1}^* = \frac{Q-c_{n1}}{4}$，最优售价为 $p_{n1}^* = \frac{Q+c_{n1}}{2}$，最大利润为 $\pi_{M1}^* = \frac{(Q-c_{n1})^2}{8}$。

(2) 第二阶段决策模型

第一阶段为一个制造商提供新产品的垄断销售阶段，但是当再制造商出现时，便进入第二阶段，形成市场竞争。由于对第一阶段中产生的废旧产品进行回收再制造，故在第二阶段中再制造商向零售商提供再制造产品 a 和再制造产品 b，根据假设1，此阶段制造商仍只向零售商提供新产品。

制造商的利润函数为

$$\pi_{M2} = (p_{n2} - c_{n2})q_{n2} \tag{5.8}$$

将式(5.2)代入式(5.8)得

$$\pi_{M2} = (p_{n2} - c_{n2})\left(Q - \frac{p_{n2}-p_{r2}}{1-\alpha}\right) \tag{5.9}$$

用与第一阶段类似的证明方法，对式(5.9)分别求关于 $p_{n2}$ 的一阶偏导数和二阶偏导数得

$$\frac{\partial \pi_{M2}}{\partial p_{n2}} = Q - \frac{2p_{n2}-p_{r2}}{1-\alpha} + \frac{c_{n2}}{1-\alpha}$$

$$\frac{\partial^2 \pi_{M2}}{\partial (p_{n2})^2} = -\frac{2}{1-\alpha} < 0$$

故当 $\frac{\partial \pi_{M2}}{\partial P_{n2}}$ 为零时，存在原函数的最优解。即

$$Q - \frac{2p_{n2}-p_{r2}}{1-\alpha} + \frac{c_{n2}}{1-\alpha} = 0$$

得最优解为

$$p_{n2}^* = Q\frac{1-\alpha}{2} + \frac{c_{n2}+p_{r2}}{2}$$

此时，再制造商的利润函数为

$$\pi_{RM} = (p_{r2} - c_{r2})q_{r2} + (p_{f2} - c_{f2})q_{f2} \tag{5.10}$$

$$s.t. \; q_{r2} + q_{f2} \leqslant \gamma q_{n1}$$

将式(5.3)(5.4)代入式(5.10),并构建 Lagrange 函数：

$$L(p_{r2}, p_{f2}, \lambda) = (p_{r2} - c_{r2})\left(\frac{p_{n2} - p_{r2}}{1 - \alpha} - \frac{p_{r2} - p_{f2}}{\alpha - \beta}\right) + (p_{f2} - c_{f2})\frac{\beta p_{r2} - \alpha p_{f2}}{\beta(\alpha - \beta)}$$

$$+ \lambda \left[\gamma(Q - p_{n1}) - \left(\frac{p_{n2} - p_{r2}}{1 - \alpha} - \frac{p_{r2} - p_{f2}}{\alpha - \beta}\right) - \frac{\beta p_{r2} - \alpha p_{f2}}{\beta(\alpha - \beta)}\right]$$

$$\tag{5.11}$$

根据 K-T 条件,得

$$\begin{cases} \dfrac{\partial L}{\partial p_{r2}} = \dfrac{\lambda(\alpha - \beta) + c_{r2}(1 - \beta) - c_{f2}(1 - \alpha) + p_{n2}(\alpha - \beta) - 2p_{r2}(1 - \beta) + 2p_{f2}(1 - \alpha)}{(1 - \alpha)(\alpha - \beta)} \leqslant 0 \\ p_{r2}\dfrac{\partial L}{\partial p_{r2}} = 0 \\ \dfrac{\partial L}{\partial p_{f2}} = \dfrac{\lambda(\alpha - \beta) - \beta c_{r2} + \alpha c_{f2} + 2\beta p_{r2} - 2\alpha p_{f2}}{\alpha\beta - \beta^2} \leqslant 0 \\ p_{f2}\dfrac{\partial L}{\partial p_{f2}} = 0 \\ \dfrac{\partial L}{\partial \lambda} = \gamma(Q - p_{n1}) - \left(\dfrac{p_{n2} - p_{r2}}{1 - \alpha} - \dfrac{p_{r2} - p_{f2}}{(\alpha - \beta)}\right) - \dfrac{\beta p_{r2} - \alpha p_{f2}}{\beta(\alpha - \beta)} \geqslant 0 \\ \lambda\dfrac{\partial L}{\partial \lambda} = 0 \end{cases}$$

$$\tag{5.12}$$

具有实际意义的情况有以下两种。

① 当 $p_{r2} > 0$、$p_{f2} > 0$、$\lambda = 0$ 时,解方程组(5.12)可以得到

$$p_{r2}^* = \frac{1}{2}(c_{r2} + \alpha p_{n2}), \quad p_{f2}^* = \frac{1}{2}(c_{f2} + \beta p_{n2})$$

与 $p_{n2}^*$ 联立得到

$$\begin{cases} p_{n2}^* = \dfrac{2Q(1 - \alpha) + 2c_{n2} + c_{r2}}{4 - \alpha} \\ p_{r2}^* = \dfrac{\alpha Q(1 - \alpha) + \alpha c_{n2} + 2c_{r2}}{4 - \alpha} \\ p_{f2}^* = \dfrac{1}{2}\left[c_{f2} + \beta\dfrac{2Q(1 - \alpha) + 2c_{n2} + c_{r2}}{4 - \alpha}\right] \end{cases} \tag{5.13}$$

此时将 $p_{n2}^*$、$p_{r2}^*$、$p_{f2}^*$ 代入式(5.2)、(5.3)、(5.4)，得到制造商和再制造商的最优生产计划分别为

$$\begin{cases} q_{n2}^* = \dfrac{2Q(1-\alpha) + c_{n2}(2-\alpha) + c_{r2}}{(4-\alpha)(1-\alpha)} \\ q_{r2}^* = \dfrac{Q}{4-\alpha} + \dfrac{1}{(1-\alpha)(4-\alpha)}c_{n2} + \dfrac{3\beta+2\alpha-\alpha\beta-4}{2(1-\alpha)(4-\alpha)(\alpha-\beta)}c_{r2} + \dfrac{1}{2(\alpha-\beta)}c_{f2} \\ q_{f2}^* = \dfrac{\beta c_{r2} - \alpha c_{f2}}{2\beta(\alpha-\beta)} \end{cases} \quad (5.14)$$

② 当 $p_{r2} > 0$、$p_{f2} > 0$、$\lambda > 0$ 时，解方程组(5.12)可以得到

$$p_{r2}^* = \frac{1}{2}(\lambda + c_{r2} + \alpha p_{n2}), \quad p_{f2}^* = \frac{1}{2}(\lambda + c_{f2} + \beta p_{n2})$$

与 $p_{n2}^*$ 联立得到

$$\begin{cases} p_{n2}^* = \dfrac{\lambda + 2Q(1-\alpha) + 2c_{n2} + c_{r2}}{4-\alpha} \\ p_{r2}^* = \dfrac{\alpha Q(1-\alpha) + \alpha c_{n2} + 2(\lambda + c_{r2})}{4-\alpha} \\ p_{f2}^* = \dfrac{1}{2}\left[\lambda + c_{f2} + \beta\dfrac{\lambda + 2Q(1-\alpha) + 2c_{n2} + c_{r2}}{4-\alpha}\right] \end{cases} \quad (5.15)$$

其中

$$\lambda = \frac{[2+\gamma(4-5\alpha+\alpha^2)]\beta c_{n2} - (3-\alpha)\beta c_{r2} + (1-\alpha)[2Q\beta - (4-\alpha)(\gamma Q\beta + c_{f2})]}{4+\alpha^2+3\beta-\alpha(5+\beta)}$$

此时，将 $p_{n2}^*$、$p_{r2}^*$、$p_{f2}^*$ 代入式(5.2)、(5.3)、(5.4)，得到制造商和再制造商的最佳生产计划分别为

$$\begin{cases} q_{n2}^* = \dfrac{2Q}{4-\alpha} + \dfrac{\lambda - (2-\alpha)c_{n2} + c_{r2}}{(4-\alpha)(1-\alpha)} \\ q_{r2}^* = \dfrac{Q}{4-\alpha} + \dfrac{\alpha^2 - 3\alpha + 3\beta - \alpha\beta}{2(4-\alpha)(1-\alpha)(\alpha-\beta)}\lambda + \dfrac{1}{(4-\alpha)(1-\alpha)}c_{n2} + \\ \qquad \dfrac{2\alpha + 3\beta - \alpha\beta - 4}{2(4-\alpha)(1-\alpha)(\alpha-\beta)}c_{r2} + \dfrac{1}{2(\alpha-\beta)}c_{f2} \\ q_{f2}^* = \dfrac{-(\alpha-\beta)\lambda + \beta c_{r2} - \alpha c_{f2}}{2(\alpha-\beta)\beta} \end{cases} \quad (5.16)$$

要使模型有意义，必须保证模型中新产品、再制造产品 a 和再制造产品 b 的销量均

大于零,则价值折扣必须满足

$$\begin{cases} \dfrac{c_{r2}}{c_{n2}} < \alpha < 1 - \dfrac{c_{n2} - c_{r2}}{Q} \\ \dfrac{\alpha c_{f2}}{c_{r2}} < \beta < \dfrac{\alpha c_{n2} - c_{r2} + (1-\alpha)c_{f2}}{c_{n2} - c_{r2}} \end{cases} \tag{5.17}$$

**命题 5.2** 在第二阶段,当 $\gamma \geqslant \bar{\gamma}$ 时,最优定价和生产计划分别满足式(5.13)和(5.14);当 $\gamma < \bar{\gamma}$ 时,最优定价和生产计划分别满足式(5.15)和(5.16),其中

$$\bar{\gamma} = \frac{2Q\beta(1-\alpha) + 2\beta c_{n2} - \beta c_{r2}(3-\alpha) - c_{f2}(4-\alpha)(1-\alpha)}{\beta(4-\alpha)(1-\alpha)(Q-c_{n2})}$$

即当第二阶段同时出现再制造产品 a 和再制造产品 b 时,制造商和再制造商的生产计划和策略受到再利用率 $\gamma$ 的影响。当再利用率较高时,即 $\gamma \geqslant \bar{\gamma}$,采用情况①的策略;反之,当再利用率较低时,即 $\gamma < \bar{\gamma}$,则采用情况②的策略。

## 5.3 制造商与再制造商两阶段混合生产决策模型结果讨论

### 5.3.1 新产品在两阶段的定价比较分析

**命题 5.3** 在 $\gamma \geqslant \bar{\gamma}$ 的条件下,制造商在第一阶段的新产品定价要大于第二阶段的新产品定价,即 $p_{n1}^* > p_{n2}^*$。

**证明**

$$p_{n1}^* - p_{n2}^* = \frac{Q + c_{n1}}{2} - \frac{2Q(1-\alpha) + 2c_{n2} + c_{r2}}{4-\alpha} = 3Q\alpha - \alpha c_{n1} - 2c_{r2} \tag{5.18}$$

对 $\alpha$ 求一阶导数得

$$\frac{\partial (3Q\alpha - \alpha c_{n1} - 2c_{r2})}{\partial \alpha} = 3Q - c_{n1} > 0$$

说明原函数在定义域内单调递增。由式(5.17)可知 $\alpha \in \left( \dfrac{c_{r2}}{c_{n2}}, 1 - \dfrac{c_{n2} - c_{r2}}{Q} \right)$,当 $\alpha = \dfrac{c_{r2}}{c_{n2}}$ 时,代入式(5.18)得 $p_{n1}^* - p_{n2}^* > 0$,结合单调性可得 $p_{n1}^* > p_{n2}^*$,即证。

命题 5.3 说明在第二阶段出现了再制商生产的再制造产品 a 和再制造产品 b，与制造商生产的新产品形成竞争，迫使制造商必须制定比第一阶段低的新产品价格。可见第二阶段的竞争对于消费者来说是有利的。

### 5.3.2 新产品在两阶段的生产量比较分析

**命题 5.4** 在 $\gamma \geqslant \bar{\gamma}$ 的条件下，制造商在第一阶段制定的新产品的生产量大于第二阶段所生产的新产品的数量，即 $q_{n1}^* > q_{n2}^*$。

**证明**

$$q_{n1}^* - q_{n2}^* = \frac{Q - c_{n1}}{4} - \frac{2Q(1-\alpha) + c_{n2}(2-\alpha) + c_{r2}}{(4-\alpha)(1-\alpha)} \tag{5.19}$$

$$= \frac{(Q - c_{n1})(4-\alpha)(1-\alpha) - 8Q(1-\alpha) + 4c_{n2}(2-\alpha) - 4c_{r2}}{4(4-\alpha)(1-\alpha)}$$

令

$$H = (Q - c_{n1})(4-\alpha)(1-\alpha) - 8Q(1-\alpha) + 4c_{n2}(2-\alpha) - 4c_{r2}$$

对 $H$ 求关于 $\alpha$ 的一阶导数得

$$\frac{\partial H}{\partial \alpha} = 2\alpha(Q - c_{n1}) + 3Q + c_{n1}$$

继续对其求二阶导数得

$$\frac{\partial^2 H}{\partial \alpha^2} = 2(Q - c_{n1}) > 0$$

可得其一阶导数单调递增，将 $\alpha = \frac{c_{r2}}{c_{n2}}$ 代入一阶导数易证 $\frac{\partial H}{\partial \alpha} > 0$，即原函数在 $\alpha$ 的定义域内单调递增。又因为当 $\alpha = \frac{c_{r2}}{c_{n2}}$ 时式(5.19)的对应值大于零，所以结合单调性可得 $q_{n1}^* > q_{n2}^*$，即证。

命题 5.4 说明，虽然制造商在第二阶段的市场竞争环境下已将新产品的定价降低，但是可替代产品的出现使得新产品所占的市场份额开始减少，最终导致制造商在制定生产计划时减少新产品的生产量。

### 5.3.3 价值折扣对新产品/再制造产品定价、生产量的影响分析

**命题 5.5** 在第二阶段 $\gamma \geqslant \bar{\gamma}$ 的条件下,制造商对于新产品的定价随着价值折扣 $\alpha$ 的上升而下降,而不受价值折扣 $\beta$ 的影响,即 $p_{n2}^*$ 是 $\alpha$ 的减函数;再制造商制定生产计划时,再制造产品 a 的生产量 $q_{r2}^*$ 是 $\beta$ 的减函数;再制造产品 b 的生产量 $q_{f2}^*$ 是 $\alpha$ 的减函数,是 $\beta$ 的增函数。

**证明** 对 $p_{n2}^*$ 求关于 $\alpha$ 的一阶导数:

$$\frac{\partial p_{n2}^*}{\partial \alpha} = \frac{-(6Q - 2c_{n2} - c_{r2})}{(-4 + \alpha)^2}$$

因为 $Q > c_{n2} > c_{r2}$,所以有 $6Q - 2c_{n2} - c_{r2} > 0$,则推出 $\frac{\partial p_{n2}^*}{\partial \alpha} < 0$,即证。

对 $q_{r2}^*$ 求关于 $\beta$ 的一阶导数,对 $q_{f2}^*$ 分别求关于 $\alpha$、$\beta$ 的一阶偏导数,得

$$\frac{\partial q_{r2}^*}{\partial \beta} = \frac{c_{f2} - c_{r2}}{2(\alpha - \beta)^2}$$

$$\frac{\partial q_{f2}^*}{\partial \alpha} = \frac{c_{f2} - c_{r2}}{2(\alpha - \beta)^2}$$

$$\frac{\partial q_{f2}^*}{\partial \beta} = \frac{\alpha(\alpha - 2\beta)c_{f2} + \beta^2 c_{r2}}{2(\alpha - \beta)^2 \beta^2}$$

由 $c_{f2} < c_{r2}$,推出

$$\frac{\partial q_{r2}^*}{\partial \beta} < 0, \quad \frac{\partial q_{f2}^*}{\partial \alpha} < 0$$

又由

$$\alpha(\alpha - 2\beta)c_{f2} + \beta^2 c_{r2} > \alpha(\alpha - 2\beta)c_{f2} + \beta^2 c_{f2} = (\alpha - \beta)^2 c_{f2} > 0$$

则推出 $\frac{\partial q_{f2}^*}{\partial \beta} > 0$,即证。

命题 5.5 说明随着再制造产品 a 的价值折扣逐渐增加,消费者在选择具有相同功能的产品时会将价值折扣这一因素考虑在内,从而选择价格比新品低的再制造产品 a。而制造商为保证新产品的市场份额,必须通过降低定价以缩小与再制造产品之间的差距来获得一定的竞争力。再制造商制定生产计划时应注意,再制造产品 a 和再制造产品 b 各自价值折扣的变动,会影响对方的销售量;其中一种产品

的价值折扣增加将使得自身的市场份额增加,而另一产品的市场份额将出现一定的缩减。

### 5.3.4 回收率对新产品/再制造产品生产量的影响分析

**命题 5.6** 在第二阶段 $\gamma < \bar{\gamma}$ 的条件下,$q_{n2}^*$ 是 $\gamma$ 的减函数,$q_{r2}^*$、$q_{f2}^*$、$q_{T2}^*$(3 种产品总销售量)是 $\gamma$ 的增函数。

**证明** 分别对 $q_{n2}^*$、$q_{r2}^*$、$q_{f2}^*$、$q_{T2}^*$、$\lambda$ 求关于 $\gamma$ 的一阶导数,得

$$\frac{\partial q_{n2}^*}{\partial \gamma} = \frac{1}{(4-\alpha)(1-\alpha)} \cdot \frac{\partial \lambda}{\partial \gamma}$$

$$\frac{\partial q_{r2}^*}{\partial \gamma} = \frac{\alpha - 3}{2(4-\alpha)(1-\alpha)} \cdot \frac{\partial \lambda}{\partial \gamma}$$

$$\frac{\partial q_{f2}^*}{\partial \gamma} = -\frac{1}{2\beta} \cdot \frac{\partial \lambda}{\partial \gamma}$$

$$\frac{\partial q_{T2}^*}{\partial \gamma} = \frac{\alpha - \beta - 4}{2\beta(4-\alpha)} \cdot \frac{\partial \lambda}{\partial \gamma}$$

$$\frac{\partial \lambda}{\partial \gamma} = -\frac{\beta(\alpha-1)(\alpha-4)(Q-c_{n2})}{(\alpha-1)(\alpha-4) + \beta(3-\alpha)}$$

由上式易知 $\frac{\partial \lambda}{\partial \gamma} < 0$,故可推出

$$\frac{\partial q_{n2}^*}{\partial \gamma} < 0, \quad \frac{\partial q_{r2}^*}{\partial \gamma} > 0, \quad \frac{\partial q_{f2}^*}{\partial \gamma} > 0, \quad \frac{\partial q_{T2}^*}{\partial \gamma} > 0$$

即证。

命题 5.6 说明在回收率 $\gamma < \bar{\gamma}$ 的前提下,第二阶段新产品的销售量将会随回收率的提高而减少,但相反的是再制造产品 a 和再制造产品 b 的销售量会随回收率的提高而增加。由于回收率的提高将直接影响再制造商原材料的数量,使得有更多的废旧产品用于再制造,产量的提高进一步促使再制造商加大对于再制造产品 a 和再制造产品 b 的促销和推广,最终达到扩大市场份额的效果,并对新产品形成一定的替代效应。尽管如此,整个产品市场的总销量还是随回收率的提高呈上升趋势,这是由于 3 种产品形成的良性竞争促进了消费者的消费潜力,扩大了整个产品市场。

## 5.4 算例分析

某零件制造商为积极响应国家号召,对资源进行再利用,现对废旧及存在问题的零件进行回收再制造。据该企业的数据统计,制造全新零件的成本为 50 元/件,回收后进行再制造的具有差异性零件的成本分别为 30 元/件和 20 元/件,假设市场容量为 200,即 $Q=200$、$c_{n1}=c_{n2}=50$、$c_{r2}=30$、$c_{f2}=20$。

### 5.4.1 新产品定价、再制造产品生产量对价值折扣的敏感性分析

以上述案例为背景,当取参数 $\alpha=0.8$ 时,$\beta \in (0.53, 0.7)$;当取参数 $\beta=0.8$ 时,$\alpha \in (0.86, 0.9)$。在第二阶段中,在回收率 $\gamma \geqslant \bar{\gamma}$ 的条件下,新产品的定价 $p_{n2}^*$、再制造产品 a 的生产量 $q_{r2}^*$、再制造产品 b 的生产量 $q_{f2}^*$ 随 $\alpha$、$\beta$ 的变动趋势如图 5.2~图 5.5 所示。

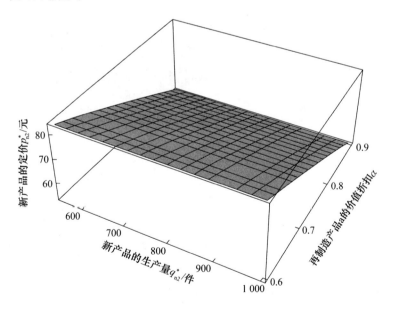

图 5.2 第二阶段 $p_{n2}^*$ 随 $\alpha$ 的变动趋势

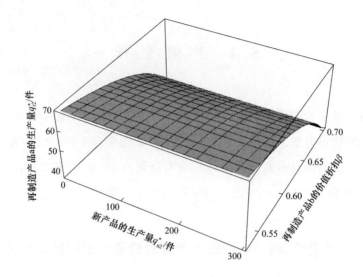

图 5.3　第二阶段 $q_{r2}^*$ 随 $\beta$ 的变动趋势

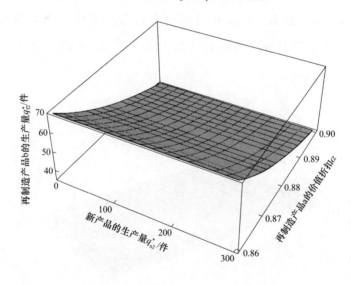

图 5.4　第二阶段 $q_{r2}^*$ 随 $\alpha$ 的变动趋势

由图 5.2～图 5.5 可知,随着再制造产品 a 价值折扣 $\alpha$ 的增加,新产品的价格和再制造产品 b 的生产量呈下降趋势;随着再制造产品 b 价值折扣 $\beta$ 的增加,再制造产品 a 的生产量呈下降趋势,而再制造产品 b 的生产量呈上升趋势。

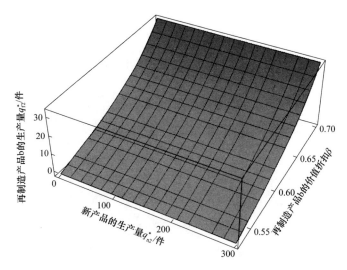

图 5.5 第二阶段 $q_{f2}^*$ 随 $\beta$ 的变动趋势

## 5.4.2 新产品和再制造产品生产量对回收率的敏感性分析

在上述案例仿真过程中取参数 $Q=200$、$c_{n1}=c_{n2}=50$、$c_{r2}=30$、$c_{f2}=20$、$\alpha=0.8$、$\beta=0.6$，此时 $\gamma\in(0,0.44)$。在第二阶段中，随着回收率 $\gamma$ 的变化，新产品的生产量 $q_{n2}^*$、再制造产品 a 的生产量 $q_{r2}^*$、再制造产品 b 的生产量 $q_{f2}^*$ 和 3 种产品总销量 $q_{T2}^*$ 的变动趋势分别如图 5.6~图 5.9 所示。

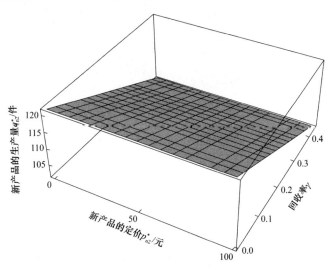

图 5.6 第二阶段 $q_{n2}^*$ 随 $\gamma$ 的变化趋势

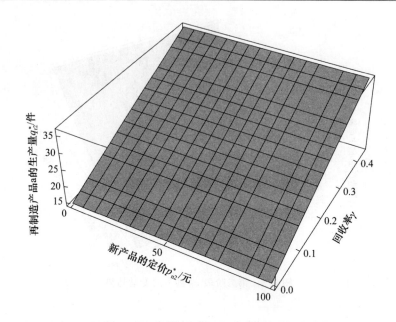

图 5.7 第二阶段 $q_{r2}^*$ 随 $\gamma$ 的变化趋势

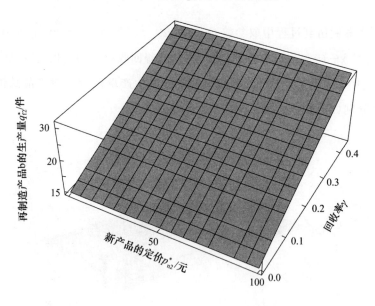

图 5.8 第二阶段 $q_{r2}^*$ 随 $\gamma$ 的变化趋势

由图 5.6～图 5.9 可知,随着回收率 $\gamma$ 的增加,第二阶段新产品的生产量呈下降趋势,再制造产品 a、再制造产品 b 的生产量呈上升趋势。与此同时,3 种产品在整个市场中的总销售量仍是呈上升趋势。

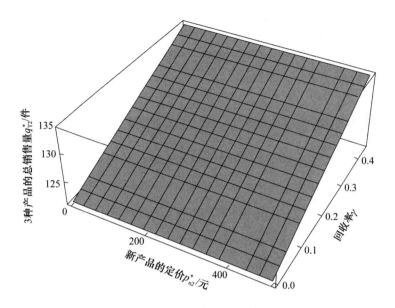

图 5.9　第二阶段 $q_{T2}^*$ 随 $\gamma$ 的变化趋势

# 第6章 产品具替代性的再制造生产与定价决策

## 6.1 引言

我国力争 2030 年前实现碳达峰,努力争取 2060 年前实现碳中和,是以习近平同志为核心的党中央经过深思熟虑作出的重大战略决策。自 2020 年 9 月 22 日习近平总书记向全世界宣布碳达峰、碳中和的庄严承诺以来,党中央、国务院多次研究、部署相关工作,全国全社会积极响应,凝心聚力,蓄势待发。《2030 年前碳达峰行动方案》(以下简称《方案》),把加快构建清洁低碳安全高效的能源体系作为实现碳达峰、碳中和的重要一环,把实施"能源绿色低碳转型行动"作为"碳达峰十大行动"之首,进一步确立了能源绿色低碳转型的路线图和施工图,对能源领域全面贯彻国家战略意图,科学把握工作方向,统筹推进碳达峰、碳中和与能源高质量发展具有重大指导意义。[1]同时,我国各大企业近年来为承担其社会责任,致力于通过发展闭环供应链,达到提高自身市场竞争力的同时兼顾社会效益与环境效益的目标。例如,位于内蒙古的神华准格尔能源有限责任公司,通过与青岛橡胶公司合作研发,将已经面临报废的巨型轮胎重新加工,使之能够继续投入生产,从而减少资源浪费和环境污染,降低生产成本。[2]基于以上政府政策和企业所采取的措施,在闭环供应链中就同时出现了新产品和再制造产品两种拥有不同消费市场的产品。一般而言,新产品的价格由于其原材料等因素高于再制造产品的价格,但是再制造产品在使用功能、产品生命周期等方面均与新产品类似。以神华准格尔能源有限责任公司生产的轮胎为例,在实际的销售过程中,新产品对于再制造产品具有一定的替代性,即当再制造轮胎生产量不能满足市场需求时,一部分消费者会接受新产品。产品替代现象的出现给企业带来了一系列需要研究的问题,如何考虑具有替代性的两种产品的定价、如何制定合理的生产计划以确保企业利润的最大化等都将成为企业在闭环供应链管理中需要解决的问题。

产品的替代现象具有一定的普遍性。刘枚莲、唐俊等[3]认为,全新电子产品、翻新的分解再制造电子产品与翻新的维修再制造电子产品存在双向替代性。孙浦阳等[4]利用1998年至2007年中国制造业的企业数据,从产品市场的需求角度提出了产品替代性影响企业生产率分布的理论假说。研究表明,产品替代性不仅会显著影响行业生产率分布与水平,而且产品替代性的降低还会导致生产率离散化程度扩大与生产率水平降低,最终加剧资源错配。

产品替代问题的普遍性,使得替代性在发展较为全面的正向供应链的研究中已取得一定的成果。Mohammadreza 和 Mina[5]在绿色产品的质量和保修期两个主因素影响消费者购买行为的前提下,考虑了寡头制造商在普通产品的基础上新推出绿色产品后,两种产品的替代性对供应链运营决策的影响。Ji 等[6]应用回购策略分析了两种替代产品(普通产品和绿色产品)的两阶段供应链结构,其需求由价格和绿色产品质量水平决定。Ma 等[7]考虑了两个竞争性制造商和一个零售商的两阶段绿色供应链结构,分析了互为替代产品的定价策略,比较了6种不同博弈结构下供应链各成员的绿色水平、收益等。颜波等[8]在这一基础上进一步结合线下配送的物流特点,研究了替代性对集中决策和分散决策的影响,指出分散决策下的供应链总利润随产品替代性加大而上升,集中决策则与之相反。常耀中[9]指出如果全部采用国内供应链进行替代,则会削弱供应链技术的先进性,导致市场竞争力和份额明显下降。

基于替代性在正向供应链中的研究成果与应用,目前诸多学者开始对闭环供应链中产品替代性的作用及其影响进行分析研究。王玉燕和于兆青[10]考虑产品之间的替代性和互补性,构建了多主体E-供应链的分散决策模型和集中决策模型,分别给出它们的最优决策,然后根据产品类型(替代性、互补性)不同,对E-供应链模型之间的最优决策进行了比较,并分别设计了佣金协调机制。王娟等[11]考虑了制造商生产的两种碳足迹不同的可替代产品,建立了制造商处于领导地位的 Stackelberg 博弈模型,确定了两种产品的最优产品环保水平、批发价格与销售价格,提出了供应链系统的协调机制。何新华等[12]设计了一个订货量受定价影响的、参数为变量的二级供应链模型;利用 Stackelberg 博弈理论,对比分析了标准产品、绿色产品和替代产品在有/无碳限额交易政策下的集中渠道和分散渠道的供应链最优订货量和最优定价,进而得到了最优利润和碳排放量。刘枚莲和唐俊[3]在分析了全新电子产品、翻新的分解再制造电子产品与翻新的维修再制造电子产品存在双向替代性的前提下,利用逆向归纳法求解模型获得最优解。刘文娟等[13]研究了存在两异质可替代产品绿色供应链的链际竞争与链内协调问题。许长延和汪传旭[14]考虑了产品替代的低碳供应链定价和政府财税问题。

由以上研究可见,学者们对于产品替代性的研究开始逐步重视。由于目前产品市场中新款产品对于旧款产品的替代、不同品牌产品间的替代等已较为普遍,而对于结合闭环供应链中再制造混合生产计划的新产品和再制造产品之间的替代这一领域仍有一定的研究空间。因此,本章将从制造商与再制造商两阶段混合生产的角度,对新产品与再制造产品间的替代性进行研究。

本章假设了产品的两个阶段,在第一阶段,制造商只生产新产品提供给零售商进行销售;在第二阶段,通过对第一阶段产生的废旧产品/问题产品的回收再利用,制造商同时将新产品和再制造产品提供给零售商以满足市场需求,并且新产品对再制造产品具有替代性。分别利用博弈论和存储论的原理对第一阶段和第二阶段进行建模,讨论了第一阶段价格敏感系数以及第二阶段产品替代性对制造商的最优定价和生产计划制定的影响。研究结果表明:在第一阶段只生产新产品时,制造商应关注消费者对于产品的价格敏感度,当价格敏感度较低时可以适当提高销售价格并增加产品生产量以获得较大利润,而当消费者对价格较为关注和敏感时,应适当降低销售价格并保持稳定,同时减少生产量以避免库存积压造成总利润的减少;在第二阶段进行混合生产制造时,制造商应积极优化再制造生产技术,以减少再制造产品和新产品的差异来提高新产品的替代性,通过替代性的提高推动二者在需求市场中的相互制约与平衡来达到增加制造商总利润的目的。

本章只研究了新产品对于再制造产品的单向替代问题,忽略了两者之间进行相互替代的双向替代情况。因此,如何将研究模型扩展到双向替代、多时期的情形并为制造商制定高效的生产策略,将成为下一阶段的研究方向。

## 6.2 模 型 描 述

一般情况下,当制造商同时生产并销售新产品和再制造产品时,该类产品会在需求市场中出现替代现象。因此,制造商需要考虑产品之间的替代性问题以确保利润最大化。本章的模型考虑了制造商在两阶段的不同情况:在第一阶段制造商只生产新产品提供给零售商以满足市场需求;在第二阶段由于对第一阶段所产生的废旧产品/问题产品的回收再利用,制造商将同时生产新产品和再制造产品提供给零售商以满足市场需求。与此同时,在第二阶段由于制造商生产的新产品在功能、使用寿命等方面一般要优于再制造产品,所以新产品可以对再制造产品产生替代性。即,当再制造产品的需求市场出现缺货情形时,新产品在库存量允许的情况下可以进入再制造产品市场,对其进行替代,以满足市场需求和弥补由于再制造产品缺货而造成利润的损失,如图 6.1 所示。

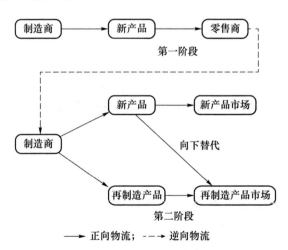

图 6.1 存在产品替代性的两阶段闭环供应链模型

在本章的模型中,用 $i=1$ 表示新产品,用 $i=2$ 表示再制造产品,用 $\omega_i$、$p_i$、$q_i$、$c_i$、$a_i$ 和 $\alpha_i$ 分别代表产品 $i(i=1,2)$ 的批发价格、零售价格、产品生产量、生产成本、潜在市场容量和价格敏感系数,$k$ 表示新产品对再制造产品替代性参数,$D$ 为与价格相关部分的需求，$\pi$ 为利润函数，分别用下标 R、M 表示零售商和制造商，下标 1、2 表示模型的第一阶段和第二阶段，上标 * 表示最优值。

为方便分析，对模型做出如下假设：

**假设 1** 市场中只存在一个制造商和一个零售商。在第一阶段，制造商只生产新产品；在第二阶段，制造商同时生产新产品和再制造产品，且新产品对再制造产品有替代性。

**假设 2** 在第一阶段制造商和零售商的博弈中，制造商为 Stackelberg 博弈的领导者，零售商为追随者。

**假设 3** 在第二阶段，制造商同时生产新产品和再制造产品，由于再制造产品的工艺复杂程度和产品质量均低于新产品，于是有 $c_2 < c_1$（假设回收成本已包含在再制造产品的制造成本中），且再制造产品的缺货成本、库存成本均不高于新产品，即 $l_2 \leqslant l_1, s_2 \leqslant s_1$。

**假设 4** 两阶段产品与价格相关的需求函数分别为

$$D_1(p_1) = a_1 - \alpha_1 p_1 \tag{6.1}$$

$$D_2(p_1, p_2) = a_2 - \alpha_2 p_2 + k p_1 \tag{6.2}$$

**假设 5** 在第二阶段，市场与价格无关部分的随机需求 $r_i$ 是连续的随机变量且服从正态分布，即 $r_i$ 服从 $N(\mu_i, \sigma_i^2)$。

## 6.3 生产与定价决策模型

### 6.3.1 第一阶段的生产与定价决策模型

如图 6.1 所示，在第一阶段，制造商只向零售商提供新产品。由假设 2 可知在制造商和零售商形成的 Stackelberg 博弈中，制造商将作为领导者来确保自己的利润最大化。在这一阶段采用逆向求解法进行计算。

根据假设 4 中第一阶段产品与价格相关的需求函数可得，零售商的利润函数为

$$\pi_{R1} = (p_{11} - \omega_{11})D_{11}(p_{11}) \tag{6.3}$$

将式(6.1)代入式(6.3)得

$$\pi_{R1} = (p_{11} - \omega_{11})(a_1 - \alpha_1 p_{11}) \tag{6.4}$$

对式(6.4)求关于 $p_{11}$ 一阶导数并使一阶导数为0，有

$$\frac{\partial \pi_{R1}}{\partial p_{11}} = a_1 - \alpha_1 p_{11} - \alpha_1(p_{11} - \omega_{11}) = 0$$

得

$$p_{11}^* = \frac{a_1 + \alpha_1 \omega_{11}}{2\alpha_1}, \quad q_{11}^* = \frac{a_1 - \alpha_1 \omega_{11}}{2} \tag{6.5}$$

此时制造商的最优利润为

$$\pi_{M1} = (\omega_{11} - c_1)\left(\frac{a_1 - \alpha_1 \omega_{11}}{2}\right) \tag{6.6}$$

对式(6.6)求关于 $\omega_{11}$ 的一阶导数并使一阶导数为0，有

$$\frac{\partial \pi_{M1}}{\partial \omega_{11}} = -\frac{1}{2}\alpha_1(-c_1 + \omega_{11}) + \frac{1}{2}(a_1 - \alpha_1 \omega_{11}) = 0$$

结合式(6.5)得

$$\omega_{11}^* = \frac{a_1 + c_1 \alpha_1}{2\alpha_1}, \quad p_{11}^* = \frac{3a_1 + c_1 \alpha_1}{4\alpha_1}, \quad q_{11}^* = \frac{a_1 - c_1 \alpha_1}{4}$$

**结论 6.1** 在第一阶段制造商只生产新产品的情况下，其最优生产量为 $q_{11}^* = \frac{a_1 - c_1 \alpha_1}{4}$，最优售价为 $p_{11}^* = \frac{3a_1 + c_1 \alpha_1}{4\alpha_1}$，此时的最大利润为 $\pi_{M1}^* = \frac{(a_1 - c_1 \alpha_1)^2}{8\alpha_1}$。

## 6.3.2 第二阶段的定价与生产决策模型

（1）定价决策模型

如图 6.1 所示，在第二阶段制造商将同时生产新产品和再制造产品，且新产品能够在再制造产品出现缺货的情况下代替其满足市场需求，根据假设 4 中第二阶段产品与价格相关的需求函数可得，制造商的利润函数为

$$\pi_{M2} = (p_{21} - c_1)D_{21}(p_{21}) + (p_{22} - c_2)D_{22}(p_{21}, p_{22}) \tag{6.7}$$

制造商利润函数的海塞矩阵为

$$\boldsymbol{H} = \begin{pmatrix} -2\alpha_1 & k \\ k & -2\alpha_2 \end{pmatrix} \tag{6.8}$$

当且仅当 $4\alpha_1\alpha_2-k^2>0$ 时，海塞矩阵为负定的，利润函数为凹函数，存在价格的最优解。分别对式(6.7)求关于 $p_{21}$、$p_{22}$ 的一阶偏导数，并使 $\dfrac{\partial \pi_{M2}}{\partial p_{21}}=0$ 和 $\dfrac{\partial \pi_{M2}}{\partial p_{22}}=0$，得到最优定价

$$p_{21}^*=\dfrac{2\alpha_2(a_1+\alpha_1 c_1-kc_2)+k(a_2+\alpha_2 c_2)}{4\alpha_1\alpha_2-k^2}$$

$$p_{22}^*=\dfrac{2\alpha_1(a_2+\alpha_2 c_2)+k(a_1+\alpha_1 c_1-kc_2)}{4\alpha_1\alpha_2-k^2}$$

**结论 6.2** 在第二阶段，制造商同时生产新产品和再制造产品，最优售价分别为 $p_{21}^*=\dfrac{2\alpha_2(a_1+\alpha_1 c_1-kc_2)+k(a_2+\alpha_2 c_2)}{4\alpha_1\alpha_2-k^2}$、$p_{22}^*=\dfrac{2\alpha_1(a_2+\alpha_2 c_2)+k(a_1+\alpha_1 c_1-kc_2)}{4\alpha_1\alpha_2-k^2}$。

(2) 生产决策模型

本章通过使利润的期望值最大化来确定制造商的最优生产量 $Q_i$。根据假设，制造商的利润函数为

$$\Pi=\sum_{i=1}^{2}\{p_i\min[r_1,Q_i]-c_iQ_i-s_i(Q_i)-l_i(Q_i)\} \tag{6.9}$$

制造商利润的期望值为

$$\begin{aligned}E[\Pi]=&\sum_{i=1}^{2}\{\int_0^{Q_i}p_ir_i\phi_i(r_i)\mathrm{d}r+\int_{Q_i}^{+\infty}p_iQ_i\phi_i(r_i)\mathrm{d}r-c_iQ_i-\int_0^{Q_i}s_i(Q_i-r_i)\phi_i(r_i)\mathrm{d}r\\&-\int_{Q_i}^{+\infty}l_i(r_i-Q_i)\phi_i(r_i)\mathrm{d}r\}\\=&\sum_{i=1}^{2}\{p_iE(r_i)-p_i\int_{Q_i}^{+\infty}(r-Q_i)\phi_i(r_i)\mathrm{d}r-\int_0^{Q_i}s_i(Q_i-r_i)\phi_i(r_i)\mathrm{d}r\\&-\int_{Q_i}^{+\infty}l^i(r_i-Q_i)\phi_i(r_i)\mathrm{d}r-c_iQ_i\}\end{aligned}$$
(6.10)

式(6.10)中的 $p_iE(r_i)$ 为常量，记作

$$E[C_i(Q_i)]=p_i\int_{Q_i}^{+\infty}(r-Q_i)\phi_i(r_i)\mathrm{d}r+\int_0^{Q_i}s_i(Q_i-r_i)\phi_i(r_i)\mathrm{d}r \\ +\int_{Q_i}^{+\infty}l_i(r_i-Q_i)\phi_i(r_i)\mathrm{d}r+c_iQ_i \tag{6.11}$$

为使制造商的盈利期望最大化，有下列等式

$$\max E[\Pi] = \sum_{i=1}^{2} \{p_i E(r_i) - \min E[C_i(Q_i)]\} \qquad (6.12)$$

式(6.12)表明,利润最大与损失最小时的 $Q$ 值相同。

根据以上分析,将求利润期望值最大转为求损失期望值 $E[C_i(Q_i)]$ 最小,当 $Q$ 可以连续取值时,$E[C_i(Q_i)]$ 是 $Q$ 的连续函数,可利用微分法求最小损失期望值。

$$\begin{aligned}\frac{\mathrm{d}E[C_i(Q_i)]}{\mathrm{d}Q_i} &= \frac{\mathrm{d}}{\mathrm{d}Q}[p_i\int_{Q_i}^{+\infty}(r_i-Q_i)\phi_i(r_i)\mathrm{d}r + \int_0^{Q_i}s_i(Q_i-r_i)\phi_i(r_i)\mathrm{d}r + \\ &\quad \int_{Q_i}^{+\infty}l_i(r_i-Q_i)\phi_i(r_i)\mathrm{d}r + c_iQ_i] \\ &= s_i\int_0^{Q_i}\phi_i(r_i)\mathrm{d}r - p_i\int_{Q_i}^{+\infty}\phi_i(r_i)\mathrm{d}r - l_i\int_{Q_i}^{+\infty}\phi_i(r_i)\mathrm{d}r + c_i\end{aligned}$$

(6.13)

令 $\dfrac{\mathrm{d}E[C_i(Q_i)]}{\mathrm{d}Q_i}=0$,并记 $F_i(Q_i)=\int_0^{Q_i}\phi_i(r_i)\mathrm{d}r$,根据式(6.13) 有

$$s_i F_i(Q_i) - p_i[1-F_i(Q_i)] - l_i[1-F_i(Q_i)] + c_i = 0$$

$$F_i(Q_i) = \frac{p_i + l_i - c_i}{s_i + p_i + l_i} = \Phi\left(\frac{Q_i - \mu_i}{\sigma_i}\right) \qquad (6.14)$$

$$Q_i^* = \mu_i + \Phi^{-1}\left(\frac{p_i + l_i - c_i}{s_i + p_i + l_i}\right)\sigma_i$$

式(6.14)中的 $Q_i^*$ 为 $E[C_i(Q_i)]$ 的驻点,又因为

$$\frac{\mathrm{d}^2 E[C_i(Q_i)]}{\mathrm{d}Q_i^2} = s_i\phi_i(Q_i) + p_i\phi_i(Q_i) + l_i\phi_i(Q_i) + c_i > 0$$

所以 $Q_i^*$ 为 $E[C_i(Q_i)]$ 的极小值点,在本模型中对应损失期望值的最小值点,也是使利润期望最大化的最优生产量。

**结论 6.3** 在第二阶段,制造商同时生产新产品和再制造产品,最优生产量为 $Q_i^* = \mu_i + \Phi^{-1}\left(\dfrac{p_i + l_i - c_i}{s_i + p_i + l_i}\right)\sigma_i$,其中 $i=1,2$,$p_i$ 由结论 2 决定。

## 6.3.3 两阶段的定价与生产决策模型结论分析

在第一阶段制造商只生产新产品,由结论 1 可以得出此时最优生产量为 $q_{11}^* = \dfrac{a_1 - c_1\alpha_1}{4}$,最优售价为 $p_{11}^* = \dfrac{3a_1 + c_1\alpha_1}{4\alpha_1}$,此时的最大利润为 $\pi_{M1}^* = \dfrac{(a_1 - c_1\alpha_1)^2}{8\alpha_1}$。由此

可以看出：制造商在第一阶段制定产品价格和生产计划时均受价格敏感系数的影响，且产品价格和生产量均与价格敏感系数成反比。因此，制造商在这一阶段应对影响消费者的、与价格敏感系数相关的因素予以关注，例如产品对应消费群体收入的变化、消费者对于同类产品的品牌敏感度、产品自身的广告涉入度等。只有通过对关键影响因素的把握和控制，才能合理地制定产品价格以及生产量，最终达到利润最大化的目的。

在第二阶段制造商同时生产新产品和再制造产品，由结论2、3可以得出此时两种产品的最优售价分别为 $p_{21}^* = \frac{2\alpha_2(a_1+\alpha_1 c_1-kc_2)+k(a_2+\alpha_2 c_2)}{4\alpha_1\alpha_2-k^2}$、$p_{22}^* = \frac{2\alpha_1(a_2+\alpha_2 c_2)+k(a_1+\alpha_1 c_1-kc_2)}{4\alpha_1\alpha_2-k^2}$，最优生产量为 $Q_i^* = \mu_i + \Phi^{-1}\left(\frac{p_i+l_i-c_i}{s_i+p_i+l_i}\right)\sigma_i$，其中 $i=1,2$，$p_i$ 由最优定价决定。由此可以看出：当同时生产两种产品且新产品具有替代性时，由于生产量函数中含有价格函数，所以制造商首先要制定两种产品的价格，再进一步根据售价制定生产计划；在制定价格时，新产品的替代性参数成为其主要的影响因素。因此，制造商应通过关注消费者对两种产品的接受程度和自身的生产水平来判断新产品对于再制造产品的替代性强弱，从而根据替代性参数的变化来及时调整两种产品的价格和生产量以确保企业利润的最大化。

## 6.4 算例分析

### 6.4.1 第一阶段的算例分析

在第一阶段模型中，由于制造商只生产新产品，不存在产品替代性，故本算例只研究价格敏感系数对于产品价格和生产量的影响。假设 $a_1=150, c_1=50$，则第一阶段价格敏感系数 $\alpha$ 对产品价格和生产量的影响如图6.2和图6.3所示。

由图6.2和图6.3可知，当 $\alpha$ 逐渐增大时，新产品价格逐渐降低，生产量也逐渐减少。这一结论说明，当消费者收入水平波动或是产品差异性等问题使价格敏感系数变化时，制造商应及时调整产品价格和生产计划。当 $\alpha$ 较小时，消费者将会更多地关注产品本身的质量、性能等问题,而对价格的关注度较少。此时,制造商可以将产品价格定在一个较高的水平,并可以通过产品本身性能的独特优势和优质的服务来扩大市场占有率,还可以通过增加产品的生产量以获得较高的利润。当 $\alpha$ 逐渐增大时,消费者对价格的关注度开始上升,此时由于收入水平等限制,消费者在购买产品时将更关注价格。制造商在这一情况下应尽可能地通过生产技术的创新来降低生产成本,从而通过较低的产品定价来吸引消费者以保证产品的市场占有率;同时相应地减少产品的生产量,以避免由于产品积压产生较高的库存费用而导致制造商总利润的减少。综上所述,制造商在制定生产计划和销售价格时应及时关注消费者价格敏感度的变化,以便制定更加合理的产品销售和生产计划,使企业利润尽可能最大。

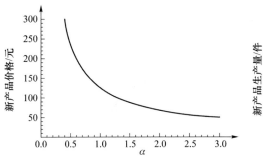

图 6.2 $\alpha$ 对新产品价格的影响

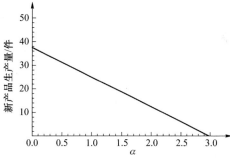

图 6.3 $\alpha$ 对新产品生产量的影响

### 6.4.2 第二阶段的算例分析

本小节采用算例分析的方法对第二阶段模型进行分析讨论。本研究中的相应参数如表 6.1 所示。

表 6.1 参数数值设定

| 参数 | 新产品 | 再制造产品 |
| --- | --- | --- |
| 生产成本 $c_i$/(元·件$^{-1}$) | 50 | 40 |
| 缺货成本 $l_i$/(元·件$^{-1}$) | 200 | 100 |
| 库存成本 $s_i$/(元·件$^{-1}$) | 10 | 5 |
| 潜在市场容量 $a_i$/件 | 1 500 | 1 000 |
| 价格敏感系数 $\alpha_i$ | 1 | 2 |

(1) 替代性对价格的影响

对于第二阶段的定价模型,在以上参数设定的基础上,可得

$$p_{21}^* = \frac{6\,200 + 920k}{8 - k^2}, \quad p_{22}^* = \frac{2\,160 + 1\,550k - 40k^2}{8 - k^2}$$

假定替代性参数 $k \in (0,1)$,即 $k$ 值越接近 0 替代性越弱,越接近 1 替代性越强。在第二阶段,替代性参数对产品价格的影响如图 6.4 和图 6.5 所示。

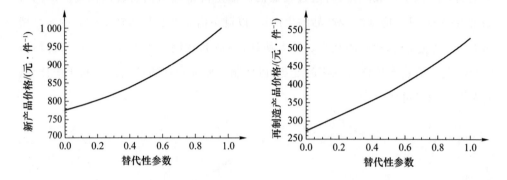

图 6.4 替代性参数对新产品价格的影响　　图 6.5 替代性参数对再制造产品价格的影响

由图 6.4、6.5 可知,当新产品对于再制造产品的替代性逐渐增强时,新产品和再制造产品的价格会受其影响均呈上升趋势,并且两种产品在有替代性时的价格均高于无替代性时的价格,但新产品的价格将始终高于再制造产品且两种产品的价格差距也逐渐缩小。这是因为对于新产品,替代性强表明当再制造产品出现缺货的情况下,新产品可对其进行无差异的补充,减少新产品的库存积压,因此零售商将在合理范围内提高新产品的价格以获得更高的利润。而对于再制造产品,由于替代性从另一角度反映出再制造产品在需求市场有一定的占有率,只有在供不应求的情况下,再制造产品才需要新产品对其进行替代和补充。但是当新产品替代再制造产品来满足市场需求时,按照再制造产品的价格进行销售将产生一定的利润损失,在这种情况下零售商将适当提高再制造产品的价格,从而在一定程度上减少市场需求,以降低新产品作为替代品的单位利润损失。

这一结论还说明,当新产品对再制造产品的替代性较低时,即两种产品存在着一定的差异性时,新产品和再制造产品主要用于满足自身的市场需求,由于产品在质量、性能、使用寿命等方面的差异较大,所以二者的销售价格也有着一定的差距,新产品价格仍旧保持在一个高于再制造产品价格的水平。但是,随着再制造生产

工艺水平的提高,再制造产品在产品性能等各方面与新产品间的差异性越来越小,新产品对再制造产品的替代性增强,再制造产品价格也随之升高,与新产品价格之间的差异逐渐缩小。所以,企业可以通过提高再制造生产水平,缩小两种产品的差异(即增强替代性),从而获得较高的利润。

(2) 替代性参数对生产量的影响

替代性参数 $k$ 对制造商生产新产品和再制造产品生产量的影响分别如图 6.6 和图 6.7 所示。

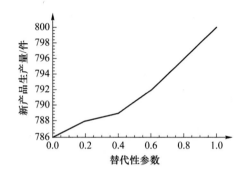 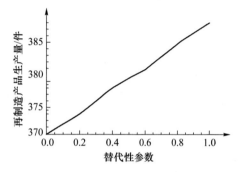

图 6.6　替代性参数对新产品生产量的影响　　图 6.7　替代性参数对再制造产品生产量的影响

由图 6.6 和图 6.7 可知,新产品和再制造产品的生产量均随产品替代性的增强呈上升趋势,且两种产品有替代性时的生产量均高于无替代性时的生产量,但是不同变化范围内的替代性参数对两种产品生产量的影响力度有所不同。当 $k \in (0.2, 0.4)$ 时,再制造产品生产量的增长率大于新产品生产量的增长率;而当 $k \in (0.4, 1.0)$ 时,新产品生产量的增长率大于再制造产品生产量的增长率。这是因为:当产品替代性较低时,再制造产品的需求市场主要仍是靠再制造产品自身来满足,所以在这一阶段随着市场需求的增加,再制造产品生产量增长的速度要大于新产品;而当替代性越来越强时,新产品也可以很好地对再制造产品需求市场进行补充,但再制造产品对新产品不存在替代性,因此在这一阶段,新产品生产量的增长速度大于再制造产品。这一结论说明,制造商制定生产计划时,要根据产品替代性的变化及时对不同产品的生产量进行调整,并且应通过再制造产品生产技术升级等方式来缩小和新产品之间的差异,从而增大新产品对其的替代性,最终达到提高企业总体利润的目的。

（3）替代性对总利润的影响

替代性参数对制造商总利润的影响如图6.8所示。

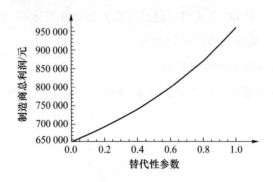

图6.8　替代性参数对制造商总利润的影响

由图6.8可知，制造商总利润随新产品替代性的增强呈上升趋势，并且替代性参数值越大，总利润的增长率也越大。这是因为：制造商在同时生产具有替代性的新产品和再制造产品的情况下，为提高新产品的替代性，通过优化再制造生产工艺，使得再制造产品在产品质量、使用寿命等方面与新产品的差异逐渐缩小。因此，消费者对再制造产品的接受度也大大提高，进一步使再制造产品需求市场扩大，并且由于新产品具有较高的替代性，当再制造产品出现缺货时，新产品可以及时对其补充从而避免缺货损失。这一结论说明，虽然当新产品进行替代时需要降低售价而按照再制造产品的价格进行销售，但是制造商仍应该尽可能缩小两种产品在各方面的差距。一方面缩小了替代销售时的差价损失，另一方面也拓宽了产品市场，提高了产品的市场占有率，最终提高了企业的总体利润。

# 参 考 文 献

[1]　张忆.碳中和下绿色金融体系优化探讨[J].当代县域经济,2021(09):89-91.

[2]　王素,黄帅."碳达峰、碳中和"对出口企业意味着什么？[J].进出口经理人,2021(09):56-58.

[3]　刘枚莲,唐俊.回收质量不确定下考虑产品替代的电子产品闭环供应链定价

[J].桂林理工大学学报,2019,39(03):758-764.

[4] 孙浦阳,蒋为,张龑.产品替代性与生产率分布——基于中国制造业企业数据的实证[J].经济研究,2013,48(04):30-42.

[5] SEYYED-MAHDI H, MOHAMMADREZA N L, MINA N. Coordination of green quality and green warranty decisions in a two-echelon competitive supply chain with substitutable products[J]. Journal of Cleaner Production, 2018, 196: 961-984.

[6] JI J, ZHANG Z, YANG L. Carbon emission reduction decisions in the retail-/dual-channel supply chain with consumers' preference[J]. Journal of Cleaner Production, 2017, 141: 852-867.

[7] MA P, ZHANG C, HONG X, et al. Pricing decisions for substitutable products with green manufacturing in a competitive supply chain[J]. Journal of Cleaner Production, 2018, 183: 618-640.

[8] 颜波,李鸿媛,胡蝶.物流与价格双重竞争下产品替代对供应链决策的影响[J].科技管理研究,2015,35(15):108-117.

[9] 常耀中.先进性或稳定性:华为公司供应链替代决策[J].企业经济,2020,39(11):83-90.

[10] 王玉燕,于兆青.考虑产品替代性、互补性的多主体E-供应链决策[J].管理评论,2020,32(05):255-268.

[11] 王娟,汪传旭.考虑产品替代的供应链定价和环保水平决策[J].工业工程与管理,2015,20(06):61-68,75.

[12] 何新华,卫佳茹,胡文发.低碳约束与产品替代率情形下的供应链策略[J].南京工业大学学报(社会科学版),2019,18(01):54-64,112.

[13] 刘文娟,陈达强.存在异质可替代产品的绿色供应链链际竞争与链内协调[J].物流技术,2018,37(11):90-96.

[14] 许长延,汪传旭.考虑产品替代的低碳供应链定价和政府财税[J].计算机工程与应用,2018,54(09):231-236.

# 第7章 基于制造商产品批发价和利润分配系数的闭环供应链利润共享决策

## 7.1 引　　言

　　逆向物流是指在企业物流过程中,由于某些物品失去了明显的使用价值(如加工过程中的边角料、消费后的产品、包装材料等)或消费者期望产品所具有的某项功能失去了效用或已被淘汰,将作为废弃物抛弃,但在这些物品中还存在可以再利用的潜在使用价值,企业为这部分物品设计一个回收系统,使具有再利用价值的物品回到正规的企业物流活动中来。[1] Atabaki 等[2]综合优化了逆向物流与正向物流。初良勇等[3]在退货量不确定情况下,为追求电商企业逆向物流网络成本最小化,建立了多层次、多站点的混合整数规划模型。Coelho 和 Mateus[4]提出了反向物流(CPL-RL)电容式工厂位置问题的模型。陈勇等[5]考虑了废旧家电在回收数量、回收质量以及客户需求量等方面的不确定性,建立了多周期、多目标的废旧家电逆向物流网络模型。何海龙和李明琨[6]构建了"电商企业—消费者—政府"博弈模型,分析了政府管制措施对快递包装回收产业的影响。Khan 等[7]研究了影响消费者对塑料废弃物的回收/再循环意向的因素。Shi 等[8]认为,再制造是一个封闭的供应链系统,由零售商、制造商和第三方物流服务提供商组成,逆向物流履行废旧产品回收的责任。甘卫华等[9]探索建立了寡头垄断市场中 C2C 逆向物流平台和双寡头竞争市场中 C2C 逆向物流平台的定价模型。甘俊伟等[10]讨论了可持续逆向物流网络设计问题。本章参考文献[8-10]研究了闭环供应链的定价策略,但未涉及闭环供应链利润共享协调机制。

这些对于逆向物流渠道定价及回收策略的研究大多是从经济学中的经济人假设出发,参与逆向物流的各方均以追求自身利益最大化为目标。逆向物流各方是具有独立决策权的决策者,之间存在博弈关系,Stackelberg博弈就是其中的一类动态博弈。在该博弈中,制造商根据市场信息和零售商的合理反映,率先制定新产品批发价、废旧产品回购价格的定价决策,零售商在观测到制造商的决策后做出自己的产品零售价以及废旧产品回收价的定价决策。一旦这些决策确定,制造商按既定的新产品批发价、废旧产品回收价格向零售商供应新产品并从零售商或第三方处回购废旧产品,零售商或第三方也按既定的回收价格从消费者处回收废旧产品。

在以上无协调的分散决策模式下,闭环供应链参与企业各自从自身利润最大化角度出发来进行决策,使得参与企业的个体利益与闭环供应链的总体利益相冲突,不能保证整体利益的最大化,因此必须建立有效的协调机制,实现系统利润最大化,并合理分配利润,使成员企业在协调中获利。本章研究制造商通过制定新的产品批发价与利润分配系数,使得闭环供应链系统利润在闭环供应链参与成员间重新分配,实现闭环供应链内部成员间的协调。应用博弈理论,研究了基于单一制造商、单一零售商或者单一制造商、单一零售商、单一第三方构成的闭环供应链系统的产品定价和协调机制问题,给出了相应的定价策略及利润协调机制。通过对无协调机制和有协调机制的比较分析发现:当有闭环供应链系统参与成员共同可接受的利益协调机制时,各方联合定价将带来最优结果,系统利润增加,参与各方利润也增加。不仅如此,协调机制下的联合定价将使得市场零售价格下降,消费者也从中获益。协调机制下的利润增加部分得以在闭环供应链参与成员间进行分享,从而能够支持整个系统的良好运转。

## 7.2 模型描述

本章研究3种回收方式(制造商回收、零售商回收和第三方回收)下,基于制造商批发价和利润分配系数的闭环供应链利润共享协调。3种回收方式下正向物流不变,而逆向物流有所区别。

假设制造商销售产品给零售商,零售商满足最终市场需求;新产品可以完全用原材料生产,也可以使用一部分回收品的零部件来生产,后一种生产方法比前一种方法节约成本。设 $C_m$ 为完全用原材料生产新产品的单位成本;$C_r$ 为使用回收品的零部件生产新产品的单位成本;用 $\Delta$ 表示回收品用于再制造而节约的成本,则 $\Delta = C_m - C_r$。产品平均成本为

$$c = C_m(1-\tau) + C_r\tau \tag{7.1}$$

其中,$\tau$ 为供应产品中回收品占的比率,即产品回收率,它反映了逆向物流的回收绩效,$0 \leqslant \tau \leqslant 1$。

假设产品都通过零售商销售,设制造商给零售商的批发价为 $\omega$,零售商的销售单价为 $p$,零售商的需求函数为[10]

$$D(p) = \beta p^{-\alpha} \tag{7.2}$$

其中,$\beta$ 为常数,$\alpha > 1$。

回收成本是产品回收率的函数,回收成本 $C(\tau)$ 由固定成本和变动成本组成。产品回收率 $\tau$ 是投入在产品回收活动中的固定成本的凹函数,如果用 $C_f$ 代表固定成本,则 $\tau = K_0\sqrt{C_f}$,也可以改写成 $C_f = K\tau^{2[9]}$;变动成本 $C_v$ 表示为 $C_v = s\tau D(p)$,其中 $s$ 为单位回收成本,$\tau D(p)$ 是回收的废旧产品数量。这样,总回收成本 $C$ 就是 $\tau$ 的函数,可表示为

$$C(\tau) = C_f + s\tau D(p) = K\tau^2 + s\tau D(p) \tag{7.3}$$

在零售商回收和第三方回收模式中,零售商或第三方首先拥有回收品,为获得回收品,制造商必须向第三方或零售商支付转让费用,转让单价用 $b(b>s)$ 表示,转让价格由制造商决定。用 $\pi_i^j$ 表示 $j$ 回收模式下 $i$ 方获得的利润:$j=$ MT 表示制造商回收,$j=$ RT 表示零售商回收,$j=$ TPT 表示第三方回收;$i=$ M 表示制造商,$i=$ R 表示零售商,$i=$ TPT 表示第三方,$i=$ c 表示有协调机制。

## 7.2.1 制造商回收模式下的闭环供应链利润共享决策

(1) 无协调机制

在无协调机制情况下,制造商、零售商各自追求自身利润最大化。制造商首先

公布批发价格 $\omega$,零售商根据制造商的价格政策决定使自己利润最大的最优零售价 $p$。

零售商获得的利润为

$$\pi_R^{MT}=(p-\omega)D(p)=(p-\omega)\beta p^{-\alpha} \tag{7.4}$$

制造商获得的利润为

$$\pi_M^{MT}=D(p)(\omega-C_m+\Delta\tau)-[K\tau^2+s\tau D(p)]=\beta p^{-\alpha}(\omega-C_m+\Delta\tau)-(K\tau^2+s\tau\beta p^{-\alpha}) \tag{7.5}$$

由制造商、零售商组成的闭环供应链系统利润为

$$\pi^{MT}=\pi_R^{MT}+\pi_M^{MT}=(p-\omega)\beta p^{-\alpha}+\beta p^{-\alpha}(\omega-C_m+\Delta\tau)-(K\tau^2+s\tau\beta p^{-\alpha}) \tag{7.6}$$

由 $\dfrac{\partial \pi_R^{MT}}{\partial p}=0$,求得使零售商利润最大的零售价:

$$p^{MT}=\frac{\alpha\omega}{-1+\alpha} \tag{7.7}$$

把式(7.7)代入式(7.4)得到零售商的最大利润:

$$\pi_R^{MT}=\frac{\beta}{\alpha}\left(\frac{\alpha\omega}{-1+\alpha}\right)^{1-\alpha} \tag{7.8}$$

制造商可以预见零售商的决策,并根据零售商的决策作出使自己利润最大的决策。把式(7.7)代入式(7.5)得到制造商的利润:

$$\pi_M^{MT}=-K\tau^2+\beta\left(\frac{\alpha\omega}{-1+\alpha}\right)^{-\alpha}(-s\tau+\Delta\tau+\omega-C_m) \tag{7.9}$$

制造商制定批发价使自己的利润最大,由 $\dfrac{\partial \pi_M^{MT}}{\partial \omega}=0$,求出使制造商利润最大的批发价:

$$\omega=\frac{s\alpha\tau-\alpha\Delta\tau+\alpha C_m}{-1+\alpha} \tag{7.10}$$

此时,制造商的最大利润为

$$\pi_M^{MT}=-K\tau^2+\frac{(-1+\alpha)\beta}{\alpha^2}\left(\frac{\alpha^2((s-\Delta)\tau+C_m)}{(-1+\alpha)^2}\right)^{1-\alpha} \tag{7.11}$$

将式(7.10)代入式(7.7)得到零售商最大利润时的零售价:

$$p^{MT}=\frac{\alpha^2((s-\Delta)\tau+C_m)}{(-1+\alpha)^2} \tag{7.12}$$

零售商最大利润时的产品销售量为

$$q^{MT}=D(p^{MT})=\beta\left(\frac{\alpha^2((s-\Delta)\tau+C_m)}{(-1+\alpha)^2}\right)^{-\alpha} \quad (7.13)$$

将式(7.10)代入式(7.8)得到零售商的最大利润：

$$\pi_R^{MT}=\frac{\beta}{\alpha}\left(\frac{\alpha^2((s-\Delta)\tau+C_m)}{(-1+\alpha)^2}\right)^{1-\alpha} \quad (7.14)$$

由制造商、零售商组成的闭环供应链系统利润为

$$\pi^{MT}=\pi_M^{MT}+\pi_R^{MT}=-K\tau^2+\frac{(-1+2\alpha)\beta}{\alpha^2}\left(\frac{\alpha^2((s-\Delta)\tau+C_m)}{(-1+\alpha)^2}\right)^{1-\alpha} \quad (7.15)$$

(2) 有协调机制

在有协调机制情况下，逆向物流参与成员即制造商、零售商之间进行全面合作，联合定价使闭环供应链系统整体利润最大。闭环供应链系统利润为

$$\pi_c^{MT}=D(p)(p-C_m+\Delta\tau)-[K\tau^2+s\tau D(p)]=\beta p^{-\alpha}(p-C_m+\Delta\tau)-(K\tau^2+s\tau\beta p^{-\alpha})$$
$$(7.16)$$

求得使闭环供应链系统利润最大的零售价和产品销售量：

$$p_c^{MT}=\frac{\alpha((s-\Delta)\tau+C_m)}{-1+\alpha} \quad (7.17)$$

$$q_c^{MT}=D(p_c^{MT})=\beta\left(\frac{\alpha((s-\Delta)\tau+C_m)}{-1+\alpha}\right)^{-\alpha} \quad (7.18)$$

闭环供应链系统最大利润为

$$\pi_c^{MT}=\frac{1}{-1+\alpha}\left(\frac{\alpha((s-\Delta)\tau+C_m)}{-1+\alpha}\right)^{-\alpha}(\beta C_m+\tau(s\beta-\beta\Delta-K(-1+\alpha)\tau\left(\frac{\alpha((s-\Delta)\tau+C_m)}{-1+\alpha}\right)^{\alpha})) \quad (7.19)$$

## 7.2.2 零售商回收模式下的闭环供应链利润共享决策

(1) 无协调机制

在无协调机制情况下，制造商首先公布批发价格 $\omega$，零售商根据制造商的价格政策决定使自己利润最大的最优零售价 $p$。

零售商获得的利润为

$$\pi_R^{RT}=(p-\omega+b\tau)D(p)-(K\tau^2+s\tau D(p))=(p-\omega+b\tau)\beta p^{-\alpha}-(K\tau^2+s\tau\beta p^{-\alpha})$$
$$(7.20)$$

制造商获得的利润为

$$\pi_M^{RT} = D(p)(\omega - C_m + (\Delta - b)\tau) = \beta p^{-\alpha}(\omega - C_m + (\Delta - b)\tau) \quad (7.21)$$

由制造商、零售商组成的闭环供应链系统利润为

$$\pi^{RT} = \pi_R^{RT} + \pi_M^{RT} = (p - \omega + b\tau)\beta p^{-\alpha} - (K\tau^2 + s\tau\beta p^{-\alpha}) + \beta p^{-\alpha}(\omega - C_m + (\Delta - b)\tau) \quad (7.22)$$

求得使零售商利润最大的零售价：

$$p = \frac{\alpha(-b\tau + s\tau + \omega)}{-1 + \alpha} \quad (7.23)$$

把式(7.23)代入式(7.20)得到零售商的最大利润：

$$\pi_R^{RT} = -K\tau^2 + \frac{\beta}{\alpha}\left(\frac{\alpha(-b\tau + s\tau + \omega)}{-1 + \alpha}\right)^{1-\alpha} \quad (7.24)$$

把式(7.23)代入式(7.21)得到制造商的利润：

$$\pi_M^{RT} = \beta\left(\frac{\alpha(-b\tau + s\tau + \omega)}{-1 + \alpha}\right)^{-\alpha}(-b\tau + \Delta\tau + \omega - C_m) \quad (7.25)$$

制造商制定批发价，求出使制造商利润最大的批发价：

$$\omega = \frac{-b\tau + s\tau + b\alpha\tau - \alpha\Delta\tau + \alpha C_m}{-1 + \alpha} \quad (7.26)$$

此时，制造商的最大利润为

$$\pi_M^{RT} = \frac{(-1 + \alpha)\beta}{\alpha^2}\left(\frac{\alpha^2((s-\Delta)\tau + C_m)}{(-1 + \alpha)^2}\right)^{1-\alpha} \quad (7.27)$$

将式(7.26)代入式(7.23)得到零售商最大利润时的零售价和产品销量：

$$p^{RT} = \frac{\alpha^2((s-\Delta)\tau + C_m)}{(-1 + \alpha)^2} \quad (7.28)$$

$$q^{RT} = D(p^{RT}) = \beta\left(\frac{\alpha^2((s-\Delta)\tau + C_m)}{(-1 + \alpha)^2}\right)^{-\alpha} \quad (7.29)$$

将式(7.28)代入式(7.20)得到零售商的最大利润：

$$\pi_R^{RT} = \frac{\beta}{\alpha}\left(\frac{\alpha^2((s-\Delta)\tau + C_m)}{(-1 + \alpha)^2}\right)^{1-\alpha} - K\tau^2 \quad (7.30)$$

因此，由制造商、零售商组成的闭环供应链系统利润为

$$\pi^{RT} = \pi_M^{RT} + \pi_R^{RT} = -K\tau^2 + \frac{(-1 + 2\alpha)\beta}{\alpha^2}\left(\frac{\alpha^2((s-\Delta)\tau + C_m)}{(-1 + \alpha)^2}\right)^{1-\alpha} \quad (7.31)$$

(2) 有协调机制

在有协调机制情况下,逆向物流参与成员间进行全面合作,联合定价使闭环供应链系统利润最大。闭环供应链系统利润为

$$\pi_c^{RT} = D(p)(p - C_m + \Delta\tau) - [K\tau^2 + s\tau D(p)] = \beta p^{-\alpha}(p - C_m + \Delta\tau) - (K\tau^2 + s\tau\beta p^{-\alpha})$$

(7.32)

求得使闭环供应链系统利润最大的零售价:

$$p_c^{RT} = \frac{\alpha((s-\Delta)\tau + C_m)}{-1+\alpha}$$

(7.33)

产品销售量为

$$q_c^{RT} = D(p_c^{RT}) = \beta\left(\frac{\alpha((s-\Delta)\tau + C_m)}{-1+\alpha}\right)^{-\alpha}$$

(7.34)

此时,闭环供应链系统最大利润为

$$\pi_c^{RT} = \frac{\left(\frac{\alpha((s-\Delta)\tau + C_m)}{-1+\alpha}\right)^{-\alpha}(\beta C_m + \tau(s\beta - \beta\Delta - K(-1+\alpha)\tau\left(\frac{\alpha((s-\Delta)\tau + C_m)}{-1+\alpha}\right)^{\alpha}))}{-1+\alpha}$$

(7.35)

### 7.2.3 第三方回收模式下的闭环供应链利润共享决策

(1) 无协调机制

在无协调机制情况下,制造商决定产品的批发价格,产品的零售价格由零售商制定。此时,零售商、制造商、第三方的利润分别为

$$\pi_R^{TPT} = (p^{TPT} - \omega)D(p^{TPT})$$

(7.36)

$$\pi_M^{TPT} = D(p)(\omega - C_m + (\Delta - b)\tau) = \beta p^{-\alpha}(\omega - C_m + (\Delta - b)\tau)$$

(7.37)

$$\pi_{TPT}^{TPT} = bD(p^{TPT})\tau - [K\tau^2 + sD(p^{TPT})\tau]$$

(7.38)

用与7.2.1节和7.2.2节类似的方法计算得出,使制造商利润最大的批发价为

$$\omega = \frac{b\alpha\tau - \alpha\Delta\tau + \alpha C_m}{-1+\alpha}$$

(7.39)

零售商利润最大时的零售价为

$$p^{TPT} = \frac{\alpha^2((b-\Delta)\tau + C_m)}{(-1+\alpha)^2}$$

(7.40)

产品销售量为

$$q^{\text{TPT}} = D(p^{\text{TPT}}) = \beta \left( \frac{\alpha^2((b-\Delta)\tau + C_m)}{(-1+\alpha)^2} \right)^{-\alpha} \tag{7.41}$$

零售商的最大利润为

$$\pi_R^{\text{TPT}} = \frac{\beta \left( \frac{\alpha^2((b-\Delta)\tau + C_m)}{(-1+\alpha)^2} \right)^{1-\alpha}}{\alpha} \tag{7.42}$$

制造商的最大利润为

$$\pi_M^{\text{TPT}} = \frac{(-1+\alpha)\beta \left( \frac{\alpha^2((b-\Delta)\tau + C_m)}{(-1+\alpha)^2} \right)^{1-\alpha}}{\alpha^2} \tag{7.43}$$

第三方的最大利润为

$$\pi_{\text{TPT}}^{\text{TPT}} = -\tau \left( \frac{\alpha^2((b-\Delta)\tau + C_m)}{(-1+\alpha)^2} \right)^{-\alpha} \left( -b\beta + s\beta + K\tau \left( \frac{\alpha^2((b-\Delta)\tau + C_m)}{(-1+\alpha)^2} \right)^{\alpha} \right) \tag{7.44}$$

由制造商、零售商、第三方组成的闭环供应链系统利润为

$$\pi^{\text{TPT}} = -K\tau^2 + \frac{\left( \frac{\alpha^2((b-\Delta)\tau + C_m)}{(-1+\alpha)^2} \right)^{-\alpha} (\beta(-s(-1+\alpha)^2 + b\alpha^2 + \Delta - 2\alpha\Delta)\tau + (-1+2\alpha)\beta C_m)}{(-1+\alpha)^2} \tag{7.45}$$

(2) 有协调机制

在有协调机制情况下，逆向物流参与成员间进行全面合作，联合定价使闭环供应链系统利润最大。闭环供应链系统利润为

$$\pi_c^{\text{TPT}} = (p^{\text{TPT}} - \omega)D(p^{\text{TPT}}) + D(p^{\text{TPT}})(\omega - C_m + (\Delta - b)\tau) + bD(p^{\text{TPT}})\tau - (K\tau^2 + sD(p^{\text{TPT}})\tau) \tag{7.46}$$

求得使闭环供应链系统利润最大的零售价：

$$p_c^{\text{TPT}} = \frac{\alpha((s-\Delta)\tau + C_m)}{-1+\alpha} \tag{7.47}$$

产品销售量为

$$q_c^{\text{TPT}} = D(p_c^{\text{TPT}}) = \beta \left( \frac{\alpha((s-\Delta)\tau + C_m)}{-1+\alpha} \right)^{-\alpha} \tag{7.48}$$

闭环供应链系统最大利润为

$$\pi_c^{\mathrm{TPT}} = \frac{\left(\frac{\alpha((s-\Delta)\tau+C_m)}{-1+\alpha}\right)^{-\alpha}(\beta C_m + \tau(s\beta - \beta\Delta - K(-1+\alpha)\tau\left(\frac{\alpha((s-\Delta)\tau+C_m)}{-1+\alpha}\right)^{\alpha}))}{-1+\alpha}$$

(7.49)

## 7.3 协调机制影响分析

### 7.3.1 零售价比较

分别比较 3 种回收模式在有、无协调机制情况下的最优零售价：

(1) 制造商回收模式

由式(7-12)和式(7-17)得

$$\frac{p^{\mathrm{MT}}}{p_c^{\mathrm{MT}}} = \frac{\alpha}{-1+\alpha} > 1$$

即 $p^{\mathrm{MT}} > p_c^{\mathrm{MT}}$，有协调机制时市场零售价较低。

(2) 零售商回收模式

由式(7-28)和式(7-33)得

$$\frac{p^{\mathrm{RT}}}{p_c^{\mathrm{RT}}} = \frac{\alpha}{-1+\alpha} > 1$$

即 $p^{\mathrm{RT}} > p_c^{\mathrm{RT}}$，有协调机制时市场零售价较低。

(3) 第三方回收模式

由式(7.40)和式(7.47)得

$$\frac{p^{\mathrm{TPT}}}{p_c^{\mathrm{TPT}}} = \frac{\alpha((b-\Delta)\tau+C_m)}{(-1+\alpha)((s-\Delta)\tau+C_m)} > 1$$

即 $p^{\mathrm{TPT}} > p_c^{\mathrm{TPT}}$，有协调机制时市场零售价较低。

**结论 7.1** 在制造商回收、零售商回收和第三方回收这 3 种回收模式的闭环供应链系统中，闭环供应链成员间有协调机制能够降低产品零售价。

## 7.3.2 产品销售量比较

分别比较 3 种回收模式在有、无协调机制情况下的产品销售量:
(1) 制造商回收模式

由式(7.13)和式(7.18)得

$$\frac{q^{MT}}{q_c^{MT}} = \left(\frac{-1+\alpha}{\alpha}\right)^\alpha < 1$$

即 $q^{MT} < q_c^{MT}$,有协调机制时产品销售量较高。

(2) 零售商回收模式

由式(7.29)和式(7.34)得

$$\frac{q^{RT}}{q_c^{RT}} = \left(\frac{-1+\alpha}{\alpha}\right)^\alpha < 1$$

即 $q^{RT} < q_c^{RT}$,有协调机制时产品销售量较高。

(3) 第三方回收模式

由式(7.41)和式(7.48)得

$$\frac{q^{TPT}}{q_c^{TPT}} = \frac{(-1+\alpha)((s-\Delta)\tau + C_m)}{\alpha((b-\Delta)\tau + C_m)} < 1$$

即 $q^{TPT} < q_c^{TPT}$,有协调机制时产品销售量较高。

**结论 7.2** 在制造商回收、零售商回收和第三方回收这 3 种回收模式的闭环供应链系统中,闭环供应链成员间有协调机制能够提高产品销售量。

## 7.3.3 闭环供应链系统利润比较

分别比较 3 种回收模式在有、无协调机制情况下的闭环供应链系统利润:
(1) 制造商回收模式

由式(7.15)和式(7.19)得

$$\frac{\pi^{MT} + K\tau^2}{\pi_c^{MT} + K\tau^2} = \frac{(-1+2\alpha)(-1+\alpha)^{\alpha-1}}{\alpha^\alpha}$$

因为 $\lim_{\alpha \to 1} \frac{(-1+2\alpha)(-1+\alpha)^{\alpha-1}}{\alpha^\alpha} = 1$ 及 $\lim_{\alpha \to \infty} \frac{(-1+2\alpha)(-1+\alpha)^{\alpha-1}}{\alpha^\alpha} = 0.736$,所以

$\frac{\pi^{MT}+K\tau^2}{\pi_c^{MT}+K\tau^2} \in (0.736,1)$,得到 $\pi^{MT}+K\tau^2 < \pi_c^{MT}+K\tau^2$,即 $\pi^{MT} < \pi_c^{MT}$,得到有协调机制时系统利润较高,且利润的增加额为

$$\Delta\pi^{MT}=\pi_c^{MT}-\pi^{MT}=$$

$$\frac{\beta((s-\Delta)\tau+C_m)\left((-1+\alpha)\left(\frac{\alpha((s-\Delta)\tau+C_m)}{-1+\alpha}\right)^{-\alpha}+(1-2\alpha)\left(\frac{\alpha^2((s-\Delta)\tau+C_m)}{(-1+\alpha)^2}\right)^{-\alpha}\right)}{(-1+\alpha)^2}$$

(7.50)

(2) 零售商回收模式

同理,得 $\pi^{RT} < \pi_c^{RT}$,即有协调机制时系统利润较高,且利润的增加额为

$$\Delta\pi^{RT}=\pi_c^{RT}-\pi^{RT}=$$

$$\frac{\beta((s-\Delta)\tau+C_m)\left((-1+\alpha)\left(\frac{\alpha((s-\Delta)\tau+C_m)}{-1+\alpha}\right)^{-\alpha}+(1-2\alpha)\left(\frac{\alpha^2((s-\Delta)\tau+C_m)}{(-1+\alpha)^2}\right)^{-\alpha}\right)}{(-1+\alpha)^2}$$

(7.51)

(3) 第三方回收模式

由式(7.45)和式(7.49)得

$$\frac{\pi^{TPT}+K\tau^2}{\pi_c^{TPT}+K\tau^2}=\left(\frac{(-1+\alpha)((s-\Delta)\tau+C_m)}{\alpha((b-\Delta)\tau+C_m)}\right)^{\alpha} \cdot$$

$$\frac{(-s(-1+\alpha)^2+b\alpha^2+\Delta-2\alpha\Delta)\tau+(-1+2\alpha)C_m}{(-1+\alpha)((s-\Delta)\tau+C_m)}$$

因为 $\lim_{\alpha \to 1}\frac{\pi^{TPT}+K\tau^2}{\pi_c^{TPT}+K\tau^2}=1$ 及 $\lim_{\alpha \to \infty}\frac{\pi^{TPT}+K\tau^2}{\pi_c^{TPT}+K\tau^2}=0$,所以 $\pi^{TPT}+K\tau^2 < \pi_c^{TPT}+K\tau^2$,即 $\pi^{TPT} < \pi_c^{TPT}$,得到有协调机制时系统利润较高,且利润的增加额为

$$\Delta\pi^{TPT}=\pi_c^{TPT}-\pi^{TPT}=$$

$$\left(\beta\left(\frac{(-1+\alpha)^2}{\alpha}\left(\frac{\alpha((s-\Delta)\tau+C_m)}{-1+\alpha}\right)^{1-\alpha}+\left(\frac{\alpha^2((b-\Delta)\tau+C_m)}{(-1+\alpha)^2}\right)^{-\alpha}\right)\right.$$

$$\left.((s(-1+\alpha)^2-b\alpha^2-\Delta+2\alpha\Delta)\tau+(1-2\alpha)C_m))\right)/(((-1+\alpha)^2)$$

(7.52)

**结论7.3** 在制造商回收、零售商回收和第三方回收这3种模式的闭环供应链系统中,闭环供应链成员间有协调机制能够提高闭环供应链系统的总利润。

# 第7章 基于制造商产品批发价和利润分配系数的闭环供应链利润共享决策

## 7.4 利润共享协调机制

前述分析说明,闭环供应链系统参与成员间协调决策有助于提高系统利润,为实现协调决策的稳定性,有必要将协调决策系统的利润增加部分在成员间进行重新分配。因此,应设置一个便于实际操作的利润共享协调机制,使得制造商、零售商和第三方共同分享系统利润增加部分。

假设制造商和零售商在销售开始前签订收益共享契约,规定:制造商以某一批发价 $\omega$ 将产品转让给零售商,在销售完成后,制造商和零售商对销售收入进行分配,$l$ 回收模式下零售商得到销售收入的比例为 $\phi_c^l$,而制造商得到销售收入的比例为 $1-\phi_c^l$,$R(q)_c^l$ 表示具有协调机制的 $l$ 回收模式下零售商的产品销售收入。此时,制造商和零售商之间是 Stackelberg 博弈关系,制造商是领导者,零售商是追随者。

制造商回收模式下,制造商与零售商进行协调决策,则闭环供应链系统利润为

$$\pi_c^{MT} = R(q)_c^{MT} - q[C_m(1-\tau) + C_r\tau] - (K\tau^2 + s\tau q) \tag{7.53}$$

零售商的利润为

$$\pi_R^{MT\prime} = \phi_c^{MT} R(q)_c^{MT} - q\omega \tag{7.54}$$

由一阶条件 $\partial \pi_c^{MT}/\partial q = 0$,可得

$$\frac{\partial}{\partial q} R(q)_c^{MT} - [C_m(1-\tau) + C_r\tau] - s\tau = 0 \tag{7.55}$$

由一阶条件 $\partial \pi_R^{MT\prime}/\partial q = 0$,可得

$$\phi_c^{MT} \frac{\partial}{\partial q} R(q)_c^{MT} - \omega = 0 \tag{7.56}$$

综合式(7.55)和式(7.56),得

$$\omega_c^{MT} = \phi_c^{MT} [C_m(1-\tau) + C_r\tau + s\tau] \tag{7.57}$$

同理可得,零售商回收模式下,有

$$\omega_c^{RT} = \phi_c^{RT} [C_m(1-\tau) + C_r\tau + s\tau] - s\tau + b\tau \tag{7.58}$$

第三方回收模式下,有

$$\omega_c^{TPT} = \phi_c^{TPT} [C_m(1-\tau) + C_r\tau + s\tau] \tag{7.59}$$

其中 $\phi_c^{MT}$、$\phi_c^{RT}$ 和 $\phi_c^{TPT} \in (0,1)$。

不同回收模式下的闭环供应链系统的协调参数 $\phi_c^{MT}$、$\phi_c^{RT}$、$\phi_c^{TPT}$ 和批发价格 $\omega_c^{MT}$、$\omega_c^{RT}$、$\omega_c^{TPT}$ 分别由式(7.57)、(7.58)和(7.59)确定。

在利润共享协调机制下,3 种回收模式的闭环供应链系统各参与成员的利润分别表示如下。

(1) 制造商回收模式

制造商的利润为

$$\pi_M^{MT'} = -K\tau^2 + \frac{\beta \left( \frac{\alpha((s-\Delta)\tau+C_m)}{-1+\alpha} \right)^{1-\alpha} (1-\phi_c^{MT})}{\alpha} \tag{7.60}$$

零售商的利润为

$$\pi_R^{MT'} = \frac{\beta \left( \frac{\alpha((s-\Delta)\tau+C_m)}{-1+\alpha} \right)^{1-\alpha} \phi_c^{MT}}{\alpha} \tag{7.61}$$

(2) 零售商回收模式

制造商的利润为

$$\pi_M^{RT'} = \frac{\beta \left( \frac{\alpha((s-\Delta)\tau+C_m)}{-1+\alpha} \right)^{1-\alpha} (1-\phi_c^{RT})}{\alpha} \tag{7.62}$$

零售商的利润为

$$\pi_R^{RT'} = \frac{\beta \left( \frac{\alpha((s-\Delta)\tau+C_m)}{-1+\alpha} \right)^{1-\alpha} \phi_c^{RT}}{\alpha} - K\tau^2 \tag{7.63}$$

(3) 第三方回收模式

制造商的利润为

$$\pi_M^{TPT'} = \frac{\beta \left( \frac{\alpha((s-\Delta)\tau+C_m)}{-1+\alpha} \right)^{-\alpha} (-C_m(-1+\phi_c^{TPT}) + \tau(b-b\alpha+s\alpha-\Delta+(-s+\Delta)\phi_c^{TPT}))}{-1+\alpha}$$

$$\tag{7.64}$$

零售商的利润为

$$\pi_R^{TPT'} = \frac{\beta \left( \frac{\alpha((s-\Delta)\tau+C_m)}{-1+\alpha} \right)^{1-\alpha} \phi_c^{TPT}}{\alpha} \tag{7.65}$$

第三方的利润为

$$\pi_{\text{TRT}}^{\text{TPT}\prime} = -\tau \left( \frac{\alpha((s-\Delta)\tau + C_m)}{-1+\alpha} \right)^{-\alpha} \left( -b\beta + s\beta + K\tau \left( \frac{\alpha(s\tau - \Delta\tau + C_m)}{-1+\alpha} \right)^{\alpha} \right)$$

(7.66)

综上所述,在有协调机制情况下,闭环供应链系统获得最大利润。同时,利润可以通过利润共享协调机制在成员间得以共享。

## 7.5 算例分析

为了进一步说明本章结论,下面采用算例进行分析说明。假设完全用原材料生产新产品的单位成本 $C_m=1$,回收品用于再制造而节约的成本 $\Delta=0.4, K=100$,单位回收成本 $s=0.01, \tau=0.3$,转让单价 $b=0.2, \alpha=2, \beta=10\,000, \phi_c^{\text{MT}}=\phi_c^{\text{RT}}=\phi_c^{\text{TPT}}=0.6$。计算得到有、无协调机制时的均衡结果,如表 7-1 所示。表 7-1 的计算结果进一步验证了文中结论的正确性。

由表 7-1 可看出,通过设置适当的利润共享协调机制,制造商、零售商、第三方均获得比无利润协调机制时更多的利润。因此,闭环供应链系统参与成员均有积极性参与利润协调,使得闭环供应链系统的总利润也达到最优,并且谈判能力较强的一方通过该协调机制可获得更多的系统增益。

表 7.1 有、无协调机制时的均衡结果

| 参数 | 制造商回收 | | 零售商回收 | | 第三方回收 | |
|---|---|---|---|---|---|---|
| | 无协调机制 | 有协调机制 | 无协调机制 | 有协调机制 | 无协调机制 | 有协调机制 |
| 产品零售价/(元·件$^{-1}$) | 3.53 | 1.77 | 3.53 | 1.77 | 3.76 | 1.77 |
| 产品销售量(万件) | 801.60 | 3 206.41 | 801.60 | 3 206.41 | 707.33 | 3 206.41 |
| 闭环供应链系统利润/万元 | 2 114.44 | 2 822.26 | 2 114.44 | 2 822.26 | 2 026.00 | 2 822.26 |
| 制造商利润/万元 | 698.81 | 1 123.50 | 707.81 | 1 132.51 | 664.89 | 949.74 |
| 零售商利润/万元 | 1 415.63 | 1 698.75 | 1 406.63 | 1 689.75 | 1 329.79 | 1 698.75 |
| 第三方利润/万元 | — | — | — | — | 31.32 | 173.77 |

# 参 考 文 献

[1] 范定祥,李重莲,宾厚.双渠道闭环供应链的正向销售与逆向回收契约协调研究[J].经济与管理,2021,35(01):85-92.

[2] ATABAKI M S, KHAMSEH A A, MOHAMMADI M. A priority-based firefly algorithm for network design of a closed-loop supply chain with price-sensitive demand[J]. Computers & Industrial Engineering, 2019, 135:814-837.

[3] 初良勇,左世萍,阮志毅.考虑退货不确定性的多层次多站点逆向物流网络选址优化研究[J].运筹与管理,2021,30(09):73-79.

[4] COELHO E K F, MATEUS G R. A capacitated plant location model for Reverse Logistics Activities[J]. Journal of Cleaner Production, 2017.

[5] 陈勇,杨雅斌,张勤.基于第三方回收的废旧家电逆向物流网络设计[J].数学的实践与认识,2016,46(17):81-89.

[6] 何海龙,李明琨.有限管制下快递包装逆向物流三方博弈行为分析[J].工业工程与管理,2021,26(01):157-164.

[7] KHAN F, AHMED W, NAJMI A. Understanding consumers' behavior intentions towards dealing with the plastic waste: Perspective of a developing country[J]. Resources, Conservation & Recycling, 2019, 142: 49-58.

[8] SHI Y, NIE J, B QU T, et al. Choosing reverse channels under collection responsibility sharing in a closed-loop supply chain with re-manufacturing [J]. Journal of Intelligent Manufacturing, 2015, 26(2): 387-402.

[9] 甘卫华,吴思琪,李大媛.考虑商品效用的C2C逆向物流平台定价研究[J].华东交通大学学报,2020,37(04):67-74.

[10] 甘俊伟,罗利,寇然.可持续逆向物流网络设计研究进展及趋势[J].控制与决策,2020,35(11):2561-2577.

# 第8章 具有随机需求和缺货损失的闭环供应链利润共享决策

## 8.1 引　　言

张一[1]在逆向物流产生背景分析、概念界定的基础上,从逆向物流研究的问题和方法两个方面较全面地总结了逆向物流系统结构的研究成果,并指出了进一步研究的方向。Govindan等[2]通过材料收集、描述性分析、类别选择和材料评估4个研究方法对逆向物流进行了描述性回顾和研究,对逆向物流的运筹学模型做了总结,但缺乏定量分析。Erfan等[3]针对不确定性条件下产品再利用、再制造、再循环和翻新的逆向物流网络进行设计。Ali[4]提出了一个基于多阶段逆向物流网络的产品回收混合整数线性规划模型,该模型考虑了不同的回收方案——产品再制造、零部件再加工和可持续成果的物料回收。Minner等[5-7]研究了逆向物流多级系统的库存控制模型,并针对产品需求和回收均呈动态变化的情形,研究了最优生产、再制造和废弃的处理策略。张群和卫李蓉[8]系统地对近几年的逆向物流网络设计研究进行回顾,讨论并对比了网络设计研究问题、研究方法、定量模型、求解算法以及逆向物流网络设计中不确定环境方面的研究。朱凌云和陈铭[9]以上汽集团销售的电动汽车产生的报废动力电池为研究对象,建立了评价指标体系,并运用模糊综合评价法研究了废旧动力电池的逆向物流模式选择。周志方和蔡严斐[10]将循环经济价值流分析理念引入企业逆向物流成本核算、分析与优化,将逆向物流外部成本(二次污染环境损害与回收利用环境效益)考虑到成本核算中,重新完善了基于循环经济价值流分析的企业逆向物流成本核算与优化模型。但以上文献对利润如何在协同决策下的系统内进一步分配未做深入探讨。

第7章研究了基于制造商产品批发价和利润分配系数的闭环供应链利润共享决策,假设产品需求满足指数函数特征,没有考虑零售商和制造商的缺货损失,且未考虑现实中的随机需求情况。本章研究零售商回收模式的闭环供应链在随机需求条件下,考虑缺货给制造商、零售商造成损失,由制造商、零售商组成的闭环供应链系统决策模型,讨论闭环供应链系统的利润共享决策。该模型的特点为:①利润共享以零售商、制造商承担的投资风险为依据。②利润协调通过产品批发价格实现。③闭环供应链系统利润、制造商库存、零售商库存、零售价通过梯度模型求解。研究发现,最大化闭环供应链系统利润需要零售商、制造商之间的紧密合作、协同决策,必须根据零售商、制造商的投资、需求函数等参数,正确地设置闭环供应链系统的制造商库存、零售商库存和零售价,才能真正实现零售商、制造商的"双赢",从而建立稳固的企业战略同盟关系。

## 8.2 模型描述

本章研究包含一个制造商、一个零售商的闭环供应链模型:制造商通过零售商将产品销售给消费者,零售商负责从消费者那里回收废旧产品,并交给制造商处置,且由零售商决定回收环节的投入量。

假设新产品可以完全用原材料生产,也可以使用一部分回收品的零部件来生产,且后一种生产方法比前一种方法节约成本。设 $C_m$ 为完全用原材料生产新产品的单位成本,$C_r$ 为使用回收品的零部件生产新产品的单位成本。假设 $\tau$ 为供应产品中回收品占的比率,反映了逆向物流的回收绩效,且 $0 \leqslant \tau \leqslant 1$。则产品平均成本为

$$c = C_m(1-\tau) + C_r\tau \tag{8.1}$$

假设产品都通过零售商销售,制造商给零售商的批发价为 $\omega$;零售商的销售单价为 $p$;产品的需求为随机量 $l$;需求密度函数为 $\phi(l)$,设产品零售市场具有竞争

性,产品价格上涨,需求就会减少;设函数 $f(p)$ 为需求 $l$ 的条件下,消费者愿意支付产品零售价 $p$ 的市场比例,即零售商的销售量为 $f(p)l$,且 $f(p)$ 为零售价 $p$ 的减函数。

回收成本 $C(\tau)$ 是产品回收率 $\tau$ 的函数,且由固定成本和变动成本组成。产品回收率 $\tau$ 是投入在产品回收活动中的固定成本的凹函数;用 $C_f$ 代表固定成本,可以写成 $C_f = K\tau^2$ [6];变动成本 $C_v$ 表示为

$$C_v = s \cdot \tau \cdot f(p) \cdot l \tag{8.2}$$

其中,$s$ 为单位回收成本,$\tau \cdot f(p) \cdot l$ 是回收的废旧产品数量。因此,回收成本可表示为

$$C(\tau) = K\tau^2 + s \cdot \tau \cdot f(p) \cdot l \tag{8.3}$$

在零售商回收模式中,零售商首先拥有回收品,为获得回收品,制造商必须向零售商支付转让费用,转让单价用 $b$ 表示。

为满足随机需求,设制造商与零售商分别保持库存量 $S_m$、$S_r$,单件库存成本分别为 $c_{1m}$、$c_{1r}$。假设零售商由于不能及时供货而造成的缺货损失为 $c_{2r}$,此损失由零售商向消费者支付。因此,闭环供应链系统库存为 $S_m + S_r$,如果需求超过 $S_m + S_r$,零售商将为超出需求部分的每件产品支付额外的缺货损失 $c_{3r}$,且 $c_{2r} + c_{3r} > c_{2r}$,制造商将为需求超过 $S_m + S_r$ 的部分向零售商支付单件缺货损失 $c_{3p}$。

设 $L_{r1}$ 为零售商因不能及时供货而造成的缺货损失,$L_{r2}$ 为由于需求超出 $S_r + S_m$ 而导致零售商支付的额外缺货损失,则

$$L_{r1} = \begin{cases} 0, & f(p) \cdot l \leqslant S_r \\ (f(p) \cdot l - S_r) \cdot c_{2r}, & f(p) \cdot l > S_r \end{cases} \tag{8.4}$$

$$L_{r2} = \begin{cases} 0, & f(p) \cdot l \leqslant S_r + S_m \\ (f(p) \cdot l - (S_r + S_m)) \cdot c_{3r}, & f(p) \cdot l > S_r + S_m \end{cases} \tag{8.5}$$

设零售商需支付的缺货损失为 $L_r$,得到 $L_r = L_{r1} + L_{r2}$。设零售商需支付的缺货损失期望为 $\overline{L_r}$,则

$$\overline{L_{r1}} = c_{2r} \cdot \int_{\frac{S_r}{f(p)}}^{+\infty} (l \cdot f(p) - S_r) \cdot \phi(l) \mathrm{d}l \tag{8.6}$$

$$\overline{L_{r2}} = c_{3r} \cdot \int_{\frac{S_r + S_m}{f(p)}}^{+\infty} (l \cdot f(p) - (S_r + S_m)) \cdot \phi(l) \mathrm{d}l \tag{8.7}$$

$$\overline{L_r} = \overline{L_{r1}} + \overline{L_{r2}} \tag{8.8}$$

设制造商需支付的缺货损失为 $L_m$，则

$$L_m = \begin{cases} 0, & f(p) \cdot l \leqslant S_r + S_m \\ (f(p) \cdot l - (S_r + S_m)) \cdot c_{3p}, & f(p) \cdot l > S_r + S_m \end{cases} \quad (8.9)$$

设制造商需支付的缺货损失期望为 $\overline{L_m}$，则

$$\overline{L_m} = c_{3p} \cdot \int_{\frac{S_r + S_m}{f(p)}}^{+\infty} (l \cdot f(p) - (S_r + S_m)) \cdot \phi(l) \mathrm{d}l \quad (8.10)$$

当需求超过 $S_r + S_m$ 时，零售商由于缺货损失而获得的制造商补偿为

$$(c_{3p} - (c_{2r} + c_{3r})) \left( f(p) \int_{\frac{S_r + S_m}{f(p)}}^{+\infty} l \cdot \phi(l) \mathrm{d}l - (S_r + S_m) \int_{\frac{S_r + S_m}{f(p)}}^{+\infty} \phi(l) \mathrm{d}l \right) \quad (8.11)$$

设 $\pi_m$ 表示制造商获得的利润，则

$$\pi_m = \omega \cdot f(p) \cdot \bar{l} - (C_m(1-\tau) + C_r \tau) \cdot f(p) \cdot \bar{l} - S_m \cdot c_{1m} - \overline{L_m} - \tau \cdot f(p) \cdot \bar{l} \cdot b \quad (8.12)$$

设 $\pi_r$ 表示零售商获得的利润，则

$$\pi_r = p \cdot f(p) \cdot \bar{l} - \omega \cdot f(p) \cdot \bar{l} - S_r \cdot c_{1r} - \overline{L_r} + \overline{L_m} - (K\tau^2 + s \cdot \tau \cdot f(p) \cdot \bar{l}) + \tau \cdot f(p) \cdot \bar{l} \cdot b \quad (8.13)$$

设 $\pi$ 表示闭环供应链系统利润，则 $\pi = \pi_m + \pi_r$，即

$$\pi = p \cdot f(p) \cdot \bar{l} - (C_m(1-\tau) + C_r \tau) \cdot f(p) \cdot \bar{l} - S_m \cdot c_{1m} - S_r \cdot c_{1r} - \overline{L_r} - (K\tau^2 + s \cdot \tau \cdot f(p) \cdot \bar{l}) \quad (8.14)$$

## 8.3 闭环供应链系统联合决策分析及参数求解

使闭环供应链系统利润 $\pi$ 最大化的必要条件是

$$\frac{\partial \pi}{p} = 0, \quad \frac{\partial \pi}{S_m} = 0, \quad \frac{\partial \pi}{S_r} = 0$$

得

$$p \cdot \bar{l} \cdot f'(p) - s \cdot \tau \cdot \bar{l} \cdot f'(p) - (C_m(1-\tau) + C_r \tau) \cdot \bar{l} \cdot f'(p)$$
$$- c_{2r} \cdot \int_{\frac{S_r}{f(p)}}^{+\infty} l \cdot \phi(l) \cdot f'(p) \mathrm{d}l - c_{3r} \cdot \int_{\frac{S_r + S_m}{f(p)}}^{+\infty} l \cdot \phi(l) f'(p) \mathrm{d}l + f(p) \cdot \bar{l} = 0$$

$$(8.15)$$

$$c_{1m} - c_{3r} \cdot \int_{\frac{S_r+S_m}{f(p)}}^{+\infty} \phi(l)\mathrm{d}l = 0 \tag{8.16}$$

$$c_{1r} - c_{2r} \cdot \int_{\frac{S_r}{f(p)}}^{+\infty} \phi(l)\mathrm{d}l - c_{3r} \cdot \int_{\frac{S_r+S_m}{f(p)}}^{+\infty} \phi(l)\mathrm{d}l = 0 \tag{8.17}$$

即 $p$、$S_m$、$S_r$ 的最优值由式(8.15)、(8.16)和(8.17)确定。

求解使闭环供应链系统利润 $\pi$ 最大化的最优值 $p^*$、$S_m^*$、$S_r^*$ 的梯度算法如下：

(1) 设置初始值及迭代停止条件。设零售价格初始值 $p = C_m(1-\tau) + C_r\tau$，迭代停止条件根据决策要求确定。

(2) 设 $p$ 为固定值，运用梯度算法求解 $S_m^*$、$S_r^*$ 的最优值，使得闭环供应链系统利润最大化，得到 $\pi_1(p, S_m^*, S_r^*)$。

(3) 设 $S_m^*$、$S_r^*$ 为固定值，运用梯度算法求解 $p^*$ 的最优值，使得闭环供应链系统利润最大化，得到 $\pi_2(p^*, S_m^*, S_r^*)$。

(4) 计算 $|\pi_2(p^*, S_m^*, S_r^*) - \pi_1(p, S_m^*, S_r^*)|$，如果满足迭代停止条件 $|\pi_2(p^*, S_m^*, S_r^*) - \pi_1(p, S_m^*, S_r^*)| \leqslant e$，则得到 $p^*$、$S_m^*$ 和 $S_r^*$ 及闭环供应链系统利润最优值 $\pi^*$；否则，$p = p^*$ 并转(2)。

## 8.4 利润共享契约分析

前述闭环供应链系统利润最优值 $\pi^*$ 是逆向物流参与者制造商与零售商通过联合决策获得的共同利润，因此需要进行合理分配。由于制造商与零售商独自投资、各担风险，因此根据其投资量进行利润分配是合理的。设制造商与零售商的投资量分别为 $I_m$、$I_r$，则得到

$$\frac{\pi_m}{I_m} = \frac{\pi_r}{I_r} \tag{8.18}$$

其中

$$I_m = \omega \cdot f(p) \cdot \bar{l} - \pi_m = (C_m(1-\tau) + C_r\tau) \cdot$$
$$f(p) \cdot \bar{l} + S_m \cdot c_{1m} + \overline{L_m} + \tau \cdot f(p) \cdot \bar{l} \cdot b$$
$$I_r = p \cdot f(p) \cdot \bar{l} - \pi_r = \omega \cdot f(p) \cdot \bar{l} + S_r \cdot c_{1r} + \overline{L_r} -$$
$$\overline{L_m} + (K\tau^2 + s \cdot \tau \cdot f(p) \cdot \bar{l}) - \tau \cdot f(p) \cdot \bar{l} \cdot b$$

即

$$\frac{\pi_m}{(C_m(1-\tau)+C_r\tau)\cdot f(p)\cdot \bar{l}+S_m\cdot c_{1m}+\overline{L_m}+\tau\cdot f(p)\cdot \bar{l}\cdot b}=$$

$$\frac{\pi_r}{\omega\cdot f(p)\cdot \bar{l}+S_r\cdot c_{1r}+\overline{L_r}-\overline{L_m}+(K\tau^2+s\cdot\tau\cdot f(p)\cdot \bar{l})-\tau\cdot f(p)\cdot \bar{l}\cdot b}$$

(8.19)

令

$$U=(C_m(1-\tau)+C_r\tau)\cdot f(p)\cdot \bar{l}+S_m\cdot c_{1m}+\overline{L_m}+\tau\cdot f(p)\cdot \bar{l}\cdot b$$

$$V=S_r\cdot c_{1r}+\overline{L_r}-\overline{L_m}+(K\tau^2+s\cdot\tau\cdot f(p)\cdot \bar{l})-\tau\cdot f(p)\cdot \bar{l}\cdot b$$

方程式(8.19)可以简化为

$$\frac{\omega\cdot f(p)\cdot \bar{l}-U}{U}=\frac{p\cdot f(p)\cdot \bar{l}-\omega\cdot f(p)\cdot \bar{l}-V}{\omega\cdot f(p)\cdot \bar{l}+V} \quad (8.20)$$

结合 $\omega>0$，求解方程(8.20)，得

$$\omega=\frac{-V+\sqrt{V^2+4pU\cdot f(p)\cdot \bar{l}}}{2f(p)\cdot \bar{l}} \quad (8.21)$$

## 8.5 算 例 分 析

假设在一个销售周期内，设 $C_m=20$、$C_r=16$、$\tau=0.2$、$K=1\,000$、$s=0.5$、$b=0.8$，根据式(8.1)得到产品平均成本 $c=19.2$，消费者愿意支付产品零售价 $p$ 的市场比例函数为

$$f(p)=1-\frac{p^2}{500}, \quad p^2\leqslant 500$$

需求密度函数为

$$\phi(l)=\begin{cases} 1/6\,000, & 2\,000\leqslant l\leqslant 8\,000 \\ 0, & l<2\,000\ \text{或}\ l>8\,000 \end{cases}$$

设制造商与零售商维持库存所需支付的单件成本分别为 $c_{1m}=0.2$、$c_{1r}=0.25$；零售商由于不能及时供货而造成的缺货损失为 $c_{2r}=0.5$；如果需求超过 $S_m+S_r$，零售商将为超出的部分额外支付单件缺货损失 $c_{3r}=0.25$，制造商将为需求超过 $S_m+$

$S_r$ 的部分向零售商支付单件缺货损失 $c_{3p}=1$。迭代终止条件为 $e=0.0001$。零售价 $p$、闭环供应链系统利润 $\pi$、制造商库存 $S_m$ 和零售商库存 $S_r$ 迭代求解过程如表 8.1 所示。

表 8.1 零售价 $p$、闭环供应链系统利润 $\pi$、制造商库存 $S_m$ 和零售商库存 $S_r$ 迭代求解过程

| 迭代次数 | 零售价 $p$ /(元·件$^{-1}$) | 闭环供应链系统利润 $\pi$/万元 | 制造商库存 $S_m$/万件 | 零售商库存 $S_r$/万件 |
| --- | --- | --- | --- | --- |
| 1 | 19.20 | −938.36 | 2 189.33 | 928.28 |
| 2 | 20.83 | 585.80 | 1 101.03 | 466.84 |
| 3 | 21.09 | 621.32 | 917.55 | 389.04 |
| 4 | 21.13 | 626.98 | 889.76 | 377.26 |
| 5 | 21.14 | 627.00 | 885.74 | 375.56 |
| 6 | 21.14 | 627.00 | 885.17 | 375.31 |
| 7 | 21.14 | 627.00 | 885.09 | 375.28 |

由表 8.1 知,当零售商产品零售价 $p^*=21.14$ 元/件、制造商库存 $S_m^*=885.09$ 万件、零售商库 $S_r^*=375.28$ 万件时,闭环供应链系统利润实现最大化,最大利润 $\pi^*=627.00$ 万元。为合理分配利润,实现系统利润共享协调,制造商给零售商的产品批发价 $\omega^*=19.90$ 元/件,制造商获得的利润 $\pi_m^*=304.00$ 万元,零售商获得的利润 $\pi_r^*=323.00$ 万元。

以上求解实现了闭环供应链系统利润的最大化,并且利润在制造商、零售商之间得到了合理分配。

# 参 考 文 献

[1] 张一. 逆向物流的研究回顾及未来展望[J]. 闽西职业技术学院学报,2019,21(02):26-30.

[2] GOVINDAN K,SOLEIMANI H,KANNAN D. Reverse logistics and closed-loop supply chain:A comprehensive review to explore the future[J]. European Journal of Operational Research,2015,240(3):603-626.

[3] ERFAN S R, FATEMI GHOMI S M T, SAJADIEH MOHSEN S. Reverse logistics network design for product reuse, remanufacturing, recycling and refurbishing under uncertainty[J]. Journal of Manufacturing Systems, 2021, 60: 473-486.

[4] ALI S S, PAKSOY T, TORGUL B, et al. Reverse logistics optimization of an industrial air conditioner manufacturing company for designing sustainable supply chain: a fuzzy hybrid multi-criteria decision-making approach[J]. Wireless Networks, 2020, 26: 1-24.

[5] MINNER S. Strategic safety stocks in reverse logistics supply chains [J]. International Journal of Production Economics, 2001, 71(3):417-428.

[6] MINNER S, KLEBER R. Optimal control of production and remanufacturing in a simple recovery model with linear cost functions [J]. OR Spektrum, 2001, 23(1): 3-24.

[7] KLEBER R, MINNER S, KIESMÜLLER G. A continuous time inventory model for a product recovery system with multiple options [J]. International Journal of Production Economics, 2002, (79):121-141.

[8] 张群,卫李蓉.逆向物流网络设计研究进展[J].中国管理科学,2016,24(09):165-176.

[9] 朱凌云,陈铭.废旧动力电池逆向物流模式及回收网络研究[J].中国机械工程,2019,30(15):1828-1836.

[10] 周志方,蔡严斐.基于价值流分析的汽车回收企业逆向物流成本优化研究[J].软科学,2016,30(01):124-128.

# 第9章 基于Nash协商模型和回购契约的闭环供应链利润共享决策

## 9.1 引 言

许民利等[1]考虑由制造商和第三方构成的闭环供应链系统,基于再制造产品产出的不确定性,在两种不同的专利费收取模式下,构建了竞争和合作的决策模型,设计了基于Shapley值的收益共享契约。简惠云和许民利[2]以批发价契约与回购契约为例,分析与比较了风险规避型供应链分别采取Stackelberg博弈和Nash讨价还价博弈时的最优化决策。Xie等[3]把前方渠道的收入分成合同与渠道投资成本分担合同结合起来,引入Stackelberg游戏来研究合同协调机制,并试图通过分级收集来缓解由于回收渠道中信息不对称而导致的低质量回收问题。Zhao和Zhu[4]扩展了对远期供应链收入分享机制的现有研究,以研究如何通过开发数学模型来协调再制造商和零售商之间的RSC。于春海等[5]基于回购契约研究了二级闭环供应链(制造商风险中性、零售商风险偏好)的协调决策问题,分别就零售商风险中性、厌恶和喜好3种态度,构建了考虑两个风险参数(悲观系数和风险厌恶程度)和均值-CVaR决策准则的契约模型。张一丁[6]针对电子产品的特征,在把握框架结构的基础上分别构建了电子产品闭环供应链和引入回购契约的电子产品闭环供应链两种递进关系的系统动力学模型。吴忠和等[7,8]给出了闭环供应链对突发事件的最优应对策略,并调整了原来的回购契约使其能协调应对突发事件,最后运用数值实验对模型进行了验证;进而,研究了非对称信息下一个制造商和一个零售商组成的两级闭环供应链在回购契约下的协调问题,在考虑零售商销售成本信息为非对称信息和随机性市场需求基础上,分析了正常状态下的分散式系统决策情况,并探讨了闭环供应链回购契约应对突发事件的协调问题。

本章基于产品随机需求,研究了分散决策与集中决策两种情况下具有回购合同的闭环供应链系统决策模型和集中决策下的制造商、零售商的利润协调机制,通过对制造商、零售商的最优订购量、最优回购价格的求解,建立了基于 Nash 协商模型和回购契约的闭环供应链利润共享协调机制,以实现成员间利润协调。在具有回购契约的闭环供应链系统中,闭环供应链系统利润最大化的实现需要零售商、制造商之间的紧密合作、协同决策。在集中决策下,通过 Nash 协商模型设置最优产品回购价,将利润增加的部分在闭环供应链系统成员间进行重新分配,使零售商、制造商的利润与分散决策下的利润相比都得到增加。这样的协调机制,使系统成员均无打破均衡状态的动机,能够建立牢固的制造商、零售商战略同盟关系。

## 9.2 模型描述

本章研究包含一个制造商和一个零售商的闭环供应链模型,制造商通过零售商将产品销售给消费者,零售商负责从消费者那里回收废旧产品,并交给制造商处置。在此过程中,由零售商决定回收环节的投入量。

假设新产品可以完全用原材料生产,也可以使用一部分回收品的零部件来生产,后一种生产方法比前一种方法节约成本。设 $C_m$ 为完全用原材料生产新产品的单位成本,$C_r$ 为使用回收品的零部件生产新产品的单位成本。

假设 $\tau$ 为供应产品中回收品占的比率,反映了逆向物流的回收绩效,且 $0 \leqslant \tau \leqslant 1$。则产品平均成本为

$$c = C_m(1-\tau) + C_r\tau \tag{9.1}$$

假设产品都通过零售商销售,制造商给零售商的批发价为 $\omega$,零售商的销售单价为 $p$,产品的市场需求为随机量 $r$,零售商为满足市场需求而向制造商采购 $Q$ 单位商品。市场需求 $r$ 是连续的随机变量,在区间 $[0, m]$ 上服从均匀分布,即 $r \sim$

$R[0,m]$,则市场需求 $r$ 的密度函数为

$$\varphi(r)=\begin{cases}\dfrac{1}{m}, & 0\leqslant r\leqslant m;\\ 0, & \text{其他}\end{cases} \quad (9.2)$$

制造商为改善其运营绩效而采用回购契约机制来激励零售商。假设 $t$ 为一个销售周期内零售商未销售完而成为剩余商品的单位回购价格,$v$ 为未销售完而成为剩余商品的单位商品的残值,并且 $v<c<\omega<p$,$v<t<\omega$,假定回购品数量远小于生产量。

回收成本 $C(\tau)$ 是产品回收率 $\tau$ 的函数,且由固定成本和变动成本组成,产品回收率 $\tau$ 是投入在产品回收活动中的固定成本的凹函数;用 $C_f$ 代表固定成本,可以写成 $C_f = K\tau^2$;变动成本 $C_v$ 表示为

$$C_v = \begin{cases} s \cdot \tau \cdot r, & r\leqslant Q \\ s \cdot \tau \cdot Q, & r>Q \end{cases} \quad (9.3)$$

其中,$s$ 为单位回收成本,回收的废旧产品数量是 $\begin{cases}\tau \cdot r, & r\leqslant Q\\ \tau \cdot Q, & r>Q\end{cases}$,回收成本是 $\tau$ 的函数,可表示为

$$C(\tau) = \begin{cases} K\tau^2 + s \cdot \tau \cdot r, & r\leqslant Q \\ K\tau^2 + s \cdot \tau \cdot Q, & r>Q \end{cases} \quad (9.4)$$

在零售商回收模式中,零售商首先通过自己的回收网络收集废旧产品,制造商为获得回收来的废旧产品,必须向零售商支付转让费用。假设零售商向制造商转让回收废旧产品的单价用 $b$ 表示。

### 9.2.1 分散决策下的回购契约及利润分析

分散决策是指制造商、零售商作为两个独立决策的利益主体,各自追求自身利润最大化。制造商、零售商之间是 Stackelberg 博弈关系:制造商是领导者、零售商是追随者,即制造商首先公布批发价格 $\omega$,零售商根据制造商的决策决定使自己利润最大的订购量 $Q$。零售商获得的利润为

$$\pi_R = \int_0^Q p \cdot r \cdot \varphi(r) \mathrm{d}r + \int_Q^\infty p \cdot Q \cdot \varphi(r) \mathrm{d}r - \omega \cdot Q -$$

$$(K\tau^2 + \int_0^Q s \cdot \tau \cdot r \cdot \varphi(r) \mathrm{d}r + \int_Q^\infty s \cdot \tau \cdot Q \cdot \varphi(r) \mathrm{d}r)$$

$$+ (\int_0^Q b \cdot \tau \cdot r \cdot \varphi(r) \mathrm{d}r + \int_Q^\infty b \cdot \tau \cdot Q \cdot \varphi(r) \mathrm{d}r) + \int_0^Q t \cdot (Q-r) \cdot \varphi(r) \mathrm{d}r$$

$$= \frac{Q^2}{2m}(-p + (s-b) \cdot \tau + t) + Q(p - \omega - (s-b) \cdot \tau) - K\tau^2$$

(9.5)

制造商获得的利润为

$$\pi_M = (\omega - (C_m(1-\tau) + C_r\tau)) \cdot Q - (\int_0^Q b \cdot \tau \cdot r \cdot \varphi(r) \mathrm{d}r +$$

$$\int_Q^\infty b \cdot \tau \cdot Q \cdot \varphi(r) \mathrm{d}r) - \int_0^Q t \cdot (Q-r) \cdot \varphi(r) \mathrm{d}r$$

$$+ \int_0^Q v \cdot (Q-r) \cdot \varphi(r) \mathrm{d}r$$

$$= \frac{Q^2}{2m}(v - t + b \cdot \tau) + (\omega - (C_m(1-\tau) + C_r\tau) - b \cdot \tau) \cdot Q$$

(9.6)

因此,由零售商、制造商组成的闭环供应链系统的利润为

$$\pi_{MR} = \pi_M + \pi_R = \frac{Q^2}{2m}(-p + s \cdot \tau + v) + Q(p - s \cdot \tau - (C_m(1-\tau) + C_r\tau)) - K\tau^2$$

(9.7)

建立分散决策下的制造商回购价格的求解模型:

$$\max_t \pi_M(t,Q) = \frac{Q^2}{2m}(v - t + b \cdot \tau) + (\omega - (C_m(1-\tau) + C_r\tau) - b \cdot \tau) \cdot Q$$

$$\text{s. t.} \begin{cases} \arg\max_Q \pi_R(t,Q) = \frac{Q^2}{2m}(-p + (s-b) \cdot \tau + t) + Q(p - \omega - (s-b) \cdot \tau) - K\tau^2 \\ v < c < \omega < p \\ v < t < \omega \end{cases}$$

(9.8)

求解式(9.8),可得零售商的最优订货量:

$$Q_0^* = \frac{m(p - (b+s) \cdot \tau + \omega + 2(-1+\tau)C_m + 2\tau C_r)}{2(p - v - s \cdot \tau)}$$

(9.9)

制造商的最优回购价为

$$t_0^* = (-(p+(b-s)\cdot\tau)(p-2v+(b-s)\cdot\tau)+(3p-2v+(b-3s)\cdot\tau)\omega +$$
$$2(p+(b-s)\cdot\tau)((-1+\tau)C_m+\tau C_r))/(p-(b+s)\cdot\tau+\omega+2(-1+\tau)C_m+2\tau C_r)$$
(9.10)

将式(9.9)和式(9.10)代入式(9.5),得到零售商的预期收益:
$$\pi_R(Q_0^*) = -K\tau^2 + (m(p+b\cdot\tau-s\cdot\tau-\omega)(p-(b+s)\cdot\tau+\omega) +$$
$$2m(p+b\cdot\tau-s\cdot\tau-\omega)((-1+\tau)C_m+\tau C_r))/(4(p-v-s\cdot\tau)) \quad (9.11)$$

将式(9.9)和式(9.10)代入式(9.6),得到制造商的预期收益:
$$\pi_M(Q_0^*) = \frac{m\,(p-(b+s)\cdot\tau+\omega+2(-1+\tau)C_m+2\tau C_r)^2}{8(p-v-s\cdot\tau)} \quad (9.12)$$

因此,由零售商、制造商组成的闭环供应链系统的利润为
$$\pi_{MR}(Q_0^*) = -K\tau^2 + (m(3p+b\cdot\tau-3s\cdot\tau-\omega)(p-(b+s)\cdot\tau+\omega) +$$
$$4m((-1+\tau)C_m+\tau C_r)(2p-2s\cdot\tau+(-1+\tau)C_m+\tau C_r))/(8(p-v-s\cdot\tau))$$
(9.13)

## 9.2.2 集中决策下的回购契约及利润分析

闭环供应链参与成员(即制造商、零售商)进行全面合作、集中决策,集中决策使闭环供应链系统整体利润最大。在集中决策的回购契约机制中,由零售商、制造商组成的闭环供应链系统的利润函数为

$$\pi' = \frac{Q^2}{2m}(-p+s\cdot\tau+v)+Q(p-s\cdot\tau-(C_m(1-\tau)+C_r\tau))-K\tau^2 \quad (9.14)$$

求解式(9.14),得到集中决策下的零售商产品订购量:
$$Q_1^* = \frac{m(p-s\cdot\tau-C_m+\tau\cdot C_m+\tau\cdot C_r)}{p-v-s\cdot\tau} \quad (9.15)$$

因此,该闭环供应链系统的利润为
$$\pi_{MR}'(Q_1^*) = (m\,(p-s\cdot\tau)^2+2K\tau^2(-p+v+s\cdot\tau)+m((-1+\tau)C_m +$$
$$\tau\cdot C_r)(2p-2s\cdot\tau+(-1+\tau)C_m+\tau\cdot C_r))/(2(p-v-s\cdot\tau)) \quad (9.16)$$

## 9.3 基于Nash协商模型的闭环供应链利润共享决策

对于协商问题,Nash曾经提出多人协商对策的谈判模型,并给出了著名的

Nash 协商解；Harsanyi 与 Selten 等在 Nash 工作基础上，进一步提出了不对称 Nash 协商模型：

$$(u_1(x^*),\cdots,u_n(x^*)) = \arg\max \prod_{i=1}^{n} (u_i(x)-d_i)^{\lambda_i}$$

$$\text{s.t.} \begin{cases} (u_1(x^*),\cdots,u_n(x^*)) \geqslant (d_1,d_2,\cdots,d_n) \\ (u_1(x^*),\cdots,u_n(x^*)) \in S \end{cases}$$

(9.17)

其中，$u_i(x)$ 表示第 $i$ 个决策者的效用函数；$d_i$ 表示谈判的起点；$S$ 表示协商域；$\lambda_i$ ($\lambda_i \geqslant 0$) 表示第 $i$ 个参与者的谈判能力，且 $\sum_{i=1}^{n} \lambda_i = 1$。可以利用 Nash 协商模型来寻求合理的回购价格 $t$，从而使制造商、零售商均能够从集中决策的回购契约中得到合理的收益。

以分散决策情形下的制造商与零售商的收益为谈判起点，即以 $\pi_R(Q_0^*)$、$\pi_M(Q_0^*)$ 为谈判起点。

集中决策下，当零售商产品订购量 $Q_1^* = -\dfrac{m(p-s\cdot\tau-C_m+\tau\cdot C_m+\tau\cdot C_r)}{-p+v+s\cdot\tau}$ 时，闭环供应链系统利润达到最大。制造商、零售商的预期收益分别为

$$\pi_M'(Q_1^*) = (m(p-s\cdot\tau+(-1+\tau)C_m+\tau\cdot C_r)((-t+v+b\tau)$$
$$(p-s\cdot\tau+(-1+\tau)C_m+\tau\cdot C_r)-2(-p+v+s\cdot\tau)(-b\cdot\tau+$$
$$\omega+(-1+\tau)C_m+\tau C_r)))/(2(-p+v+s\cdot\tau)^2)$$

(9.18)

$$\pi_R'(Q_1^*) = -K\tau^2+(m(p+b\cdot\tau-s\cdot\tau-\omega)(p-s\cdot\tau+$$
$$(-1+\tau)C_m+\tau\cdot C_r))/(p-v-s\cdot\tau)-(m(p-t+(b-s)\cdot\tau)$$
$$(p-s\cdot\tau+(-1+\tau)C_m+\tau\cdot C_r)^2)/(2(-p+v+s\cdot\tau)^2)$$

(9.19)

由式(9.18)、(9.19)知，闭环供应链系统利润最大时，制造商、零售商的收益取决于回购价格 $t$ 的大小，因此制造商需要设计出合理的回购价格，使制造商、零售商均能从集中决策中受益。

根据式(9.17)建立逆向物流回购的 Nash 协商模型：

$$\max_t (\pi_M'(Q_1^*)-\pi_M(Q_0^*))^\lambda \cdot (\pi_R'(Q_1^*)-\pi_R(Q_0^*))^{1-\lambda}$$

$$\text{s.t.} \begin{cases} \pi_M'(Q_1^*) \geqslant \pi_M(Q_0^*) \\ \pi_R'(Q_1^*) \geqslant \pi_R(Q_0^*) \end{cases}$$

(9.20)

其中，$\lambda(0\leqslant\lambda\leqslant 1)$为制造商的谈判能力，$1-\lambda$为零售商的谈判能力。

建立拉格朗日函数：

$$L(t,u_1,u_2)=(\pi_M'(Q_1^*)-\pi_M(Q_0^*))^\lambda \cdot (\pi_R'(Q_1^*)-\pi_R(Q_0^*))^{1-\lambda}+$$
$$u_1(\pi_M'(Q_1^*)-\pi_M(Q_0^*))+u_2(\pi_R'(Q_1^*)-\pi_R(Q_0^*)) \quad (9.21)$$

由库恩-塔克(Kuhn-Tucker)条件得

$$\begin{cases} \nabla(\pi_M'(Q_1^*)-\pi_M(Q_0^*))^\lambda \cdot (\pi_R'(Q_1^*)-\pi_R(Q_0^*))^{1-\lambda}-u_1\nabla(\pi_M'(Q_1^*)-\\ \pi_M(Q_0^*))-u_2\nabla(\pi_R'(Q_1^*)-\pi_R(Q_0^*))=0 \\ u_1(\pi_M'(Q_1^*)-\pi_M(Q_0^*))=0 \\ u_2(\pi_R'(Q_1^*)-\pi_R(Q_0^*))=0 \\ u_1\geqslant 0, \quad u_2\geqslant 0 \end{cases}$$
$$(9.22)$$

求解式(9.22)可得回购价：

$$t_1^*=\frac{\pi_M(Q_0^*)-\alpha-\pi_M(Q_0^*)\cdot\lambda-\pi_R(Q_0^*)\cdot\lambda+\pi_{MR}'(Q_1^*)\cdot\lambda}{\beta} \quad (9.23)$$

其中

$$\alpha=(m(p-s\cdot\tau+(-1+\tau)C_m+\tau\cdot C_r)((v+b\tau)(p-s\cdot\tau+(-1+\tau)C_m+\\ \tau\cdot C_r)-2(-p+v+s\cdot\tau)(-b\cdot\tau+\omega+(-1+\tau)C_m+\tau C_r)))/\\ (2(-p+v+s\cdot\tau)^2)$$

$$\beta=\frac{-m(p-s\cdot\tau+(-1+\tau)C_m+\tau\cdot C_r)(p-s\cdot\tau+(-1+\tau)C_m+\tau\cdot C_r)}{2(-p+v+s\cdot\tau)^2}$$

将式(9.23)代入式(9.18)、(9.19)，得到基于Nash协商模型和回购契约的闭环供应链利润共享决策下的制造商与零售商的预期收益：

$$\pi_M'(Q_1^*,t_1^*)=(m(p-s\cdot\tau+(-1+\tau)C_m+\tau\cdot C_r)$$
$$((-t_1^*+v+b\tau)(p-s\cdot\tau+(-1+\tau)C_m+\tau\cdot C_r)-2(-p+v+s\cdot\tau)$$
$$(-b\cdot\tau+\omega+(-1+\tau)C_m+\tau C_r)))/(2(-p+v+s\cdot\tau)^2) \quad (9.24)$$

$$\pi_R'(Q_1^*,t_1^*)=-K\tau^2+(m(p+b\cdot\tau-s\cdot\tau-\omega)(p-s\cdot\tau+(-1+\tau)C_m+\\ \tau\cdot C_r))/(p-v-s\cdot\tau)-(m(p-t_1^*+(b-s)\cdot\tau)$$
$$(p-s\cdot\tau+(-1+\tau)C_m+\tau\cdot C_r)^2)/(2(-p+v+s\cdot\tau)^2) \quad (9.25)$$

其中

$$t_1^* = \frac{\pi_M(Q_0^*) - \alpha - \pi_M(Q_0^*) \cdot \lambda - \pi_R(Q_0^*) \cdot \lambda + \pi_{MR}'(Q_1^*) \cdot \lambda}{\beta}$$

## 9.4 算例分析

假定在一个销售周期内,某闭环供应链系统的参数为 $C_m = 20$、$C_r = 16$、$\tau = 0.2$、$K = 1\,000$、$s = 0.5$、$b = 0.8$、$v = 1$、$m = 10\,000$。根据式(9.1)得到产品平均成本 $c = 19.2$,下面分析两种决策模式下的制造商、零售商的预期收益及其差异性。

将参量 $C_m = 20$、$C_r = 16$、$\tau = 0.2$、$K = 1\,000$、$s = 0.5$、$b = 0.8$、$v = 1$、$m = 10\,000$ 代入式(9.9)、(9.10)、(9.12)、(9.11)和(9.13),可以得到当新产品零售价为 50、50、70、70、90、90,基于 Nash 协商模型的逆向物流利润系统批发价为 30、40、50、60、70、80 时分散决策下的最优订购量 $Q_0^*$、最优回购价 $t_0^*$、制造商最大利润 $\pi_M(Q_0^*)$、零售商最大利润 $\pi_R(Q_0^*)$ 及闭环供应链系统利润 $\pi_{MR}(Q_0^*)$,如表 9.1 所示。

表 9.1 分散决策下的最优订购量、最优回购价、制造商和零售商最大利润及闭环供应链系统利润

| $p$ /(元·件$^{-1}$) | $\omega$ /(元·件$^{-1}$) | $Q_0^*$ /万件 | $t_0^*$ /(元·件$^{-1}$) | $\pi_M(Q_0^*)$ /万元 | $\pi_R(Q_0^*)$ /万元 | $\pi_{MR}(Q_0^*)$ /万元 |
|---|---|---|---|---|---|---|
| 50 | 30 | 565.1 | 14.6 | 7 651.6 | 5 633.7 | 13 285.3 |
| 50 | 40 | 669.5 | 35.0 | 10 738.0 | 3 334.0 | 14 072.0 |
| 70 | 50 | 693.2 | 41.1 | 16 317.2 | 6 919.4 | 23 236.6 |
| 70 | 60 | 766.8 | 56.9 | 19 967.1 | 3 824.6 | 23 791.7 |
| 90 | 70 | 763.0 | 63.8 | 25 589.9 | 7 620.2 | 33 210.1 |
| 90 | 80 | 819.8 | 77.8 | 29 546.9 | 4 092.0 | 33 638.9 |

将参量 $C_m = 20$、$C_r = 16$、$\tau = 0.2$、$K = 1\,000$、$s = 0.5$、$b = 0.8$、$v = 1$、$m = 10\,000$ 代入式(9.15)、(9.23)、(9.24)和(9.25),可以得到当新产品零售价 $p$ 为 50、50、70、70、90、90,批发价 $\omega$ 为 30、40、50、60、70、80 时,集中决策下基于 Nash 协商模型的逆向物流利润系统的产品最优订购量 $Q_1^*$、最优回购价 $t_1^*$、制造商最大利润 $\pi_M'(Q_1^*, t_1^*)$、零售商最大利润 $\pi_R'(Q_1^*, t_1^*)$ 及闭环供应链系统利润 $\pi_{MR}'(Q_1^*, t_1^*)$。当

制造商的谈判能力 $\lambda=0.5$ 和 $\lambda=0.6$ 时,分别得到表 9.2 和表 9.3 中所示的计算结果。

表 9.2 集中决策下 $\lambda=0.5$ 时的最优订购量、最优回购价、

制造商和零售商最大利润及闭环供应链系统利润

| $p$ /(元·件$^{-1}$) | $\omega$ /(元·件$^{-1}$) | $Q_1^*$ /万件 | $t_1^*$ /(元·件$^{-1}$) | $\pi_M{'}(Q_1^*,t_1^*)$ /万元 | $\pi_R{'}(Q_1^*,t_1^*)$ /万元 | $\pi_{MR}{'}(Q_1^*,t_1^*)$ /万元 |
|---|---|---|---|---|---|---|
| 50 | 30 | 774.6 | 18.5 | 8 177.5 | 6 159.6 | 14 337.0 |
| 50 | 40 | 774.6 | 35.7 | 10 870.5 | 3 466.5 | 14 337.0 |
| 70 | 50 | 841.0 | 42.8 | 16 688.2 | 7 290.4 | 23 978.7 |
| 70 | 60 | 841.0 | 57.2 | 20 060.6 | 3 918.1 | 23 978.7 |
| 90 | 70 | 877.2 | 64.8 | 25 876.5 | 7 906.8 | 33 783.3 |
| 90 | 80 | 877.2 | 78.0 | 29 619.1 | 4 164.2 | 33 783.3 |

表 9.3 集中决策下 $\lambda=0.6$ 时的最优订购量、最优回购价、

制造商和零售商最大利润及闭环供应链系统利润

| $p$ /(元·件$^{-1}$) | $\omega$ /(元·件$^{-1}$) | $Q_1^*$ /万件 | $t_1^*$ /(元·件$^{-1}$) | $\pi_M{'}(Q_1^*,t_1^*)$ /万元 | $\pi_R{'}(Q_1^*,t_1^*)$ /万元 | $\pi_{MR}{'}(Q_1^*,t_1^*)$ /万元 |
|---|---|---|---|---|---|---|
| 50 | 30 | 774.6 | 18.5 | 8 282.6 | 6 054.4 | 14 337.0 |
| 50 | 40 | 774.6 | 35.7 | 10 897.0 | 3 440.0 | 14 337.0 |
| 70 | 50 | 841.0 | 42.8 | 16 762.4 | 7 216.2 | 23 978.7 |
| 70 | 60 | 841.0 | 57.2 | 20 079.3 | 3 899.4 | 23 978.7 |
| 90 | 70 | 877.2 | 64.8 | 25 933.8 | 7 849.5 | 33 783.3 |
| 90 | 80 | 877.2 | 78.0 | 29 633.6 | 4 149.7 | 33 783.3 |

从表 9.1、表 9.2 和表 9.3 的计算结果可以对比、分析出:集中决策下的闭环供应链系统利润大于分散决策下的闭环供应链系统利润,即当其他参数一样的条件下,集中决策下的闭环供应链系统可以获得更多的利润;集中决策下的制造商最大利润、零售商最大利润也都大于分散决策下的制造商最大利润、零售商最大利润,即通过 Nash 协商模型可以实现闭环供应链系统内利润增加部分的合理分配,并且使制造商利润、零售商利润都得以增加;此外,随着谈判系数的增加,制造商在系统内分配的利润增加部分也提高了。算例仿真的结果进一步验证了文中求解模型的

可行性。

# 参考文献

[1] 许民利,王竟竟,简惠云.专利保护与产出不确定下闭环供应链定价与协调[J].管理工程学报,2021,35(03):119-129.

[2] 简惠云,许民利.风险规避下基于Stackelberg博弈与Nash讨价还价博弈的供应链契约比较[J].管理学报,2016,13(03):447-453.

[3] XIE J, ZHANG W, LIANG L, et al. The revenue and cost sharing contract of pricing and servicing policies in a dual-channel closed-loop supply chain [J]. Journal of Cleaner Production, 2018, 191: 361-383.

[4] ZHAO S, ZHU Q. Remanufacturing supply chain coordination under the stochastic remanufacturability rate and the random demand[J]. Annals of Operations Research, 2017, 257(1-2): 661-695.

[5] 于春海,冯俏,荣冬玲.基于均值-CVaR的闭环供应链回购契约协调策略研究[J].运筹与管理,2020,29(06):58-64.

[6] 张一丁.电子产品闭环供应链系统动力学模型构建及仿真分析[D].太原:太原理工大学,2019.

[7] 吴忠和,陈宏,赵千,等.基于风险偏好及补偿的闭环供应链回购契约应急协调[J].科技和产业,2012,12(10):108-113,121.

[8] 吴忠和,陈宏,赵千.非对称信息下闭环供应链回购契约应对突发事件策略研究[J].中国管理科学,2013,21(06):97-106.

# 第 10 章 基于柔性订购契约的闭环供应链利润共享决策

## 10.1 引言

前述许多研究文献均假设零售商的订购量是恒定的,但是在现实中,零售商往往需要根据变化了的或者更确定的市场需求来调整产品订购量。李旭[1]认为数量柔性契约可以提供给零售商一种产品订购量柔性和产品补偿量柔性,使零售商能更好地应对市场需求不确定性所导致的风险问题,并能加强供应商和零售商之间的合作,实现供应商和零售商之间的互利共赢。严盈盈[2]指出将全新的物流技术创新体系运用到企业发展中,发现物流技术创新能够优化供应链模式、推动供应链柔性升级、促进供应链决策机制的建立,有利于促进企业可持续发展。吴群等[3]探讨了供应链协同及企业规模在两者关系中的作用。柴亚光、李芃萱[4]在数量柔性契约基础上考虑了储备周期的影响,建立了政府主导的应急物资采购模型。扈衷权等[5]设计了一个政府主导的、基于数量柔性契约的双源应急物资采购模型。Liu等[6]通过虚拟库存池建立了供应链弹性。刘阳等[7]将突发灾害状态转移过程视为一个有限次的齐次 Markov 链,构建了基于数量柔性契约的应急物资采购模型,分析了政、企达成合作的条件与双方最优决策策略。张琳等[8]构建了一个政府主导的 Stackelberg 模型,通过常规采购和柔性采购相结合的方式,建立了政、企联合储备应急物资的合作关系。

本章研究在由一个制造商和一个零售商构成的零售商回收模式的闭环供应链下,零售商与制造商具有一定柔性订购契约时的闭环供应链利润共享决策。这里的柔性订购,是指闭环供应链系统中的零售商能够根据与制造商的约定和市场需求的变化情况,在一定范围内调整产品的订购量。研究发现,集中决策能使闭环供应链系统获得比分散决策更优的利润预期。此外,制造商与零售商之间的柔性订购契约,一方面增强了闭环供应链应对市场变化的灵活性,降低了损失,增加了系统利润;另一方面,柔性度参数的引入为闭环供应链系统成员间的利润协调提供了可行途径。因此,只要制造商与零售商在集中决策模式下实施基于柔性订购契约的闭环供应链利润共享决策,双方根据利润协调模型确定合适的柔性度参数值,就可保证每一方的利润不低于闭环供应链分散决策下的利润,达到制造商、零售商和整个闭环供应链系统的利润最大化,实现闭环供应链成员"双赢"的目的。

## 10.2 模型描述

本章研究由一个制造商、一个零售商组成的闭环供应链模型,制造商以批发价将产品销售给零售商,零售商以零售价销售产品以满足最终市场需求。制造商通过零售商将产品销售给消费者,零售商负责从消费者那里回收废旧产品,并交给制造商处置。在此过程中,由零售商负责回收环节的投入量。

假设新产品可以完全用原材料生产,也可以使用一部分回收品的零部件生产,后一种生产方法比前一种方法节约成本。设 $C_m$ 为完全用原材料生产新产品的单位成本,$C_r$ 为使用回收品的零部件生产新产品的单位成本。

假设 $\tau$ 为供应产品中回收品占的比率,反映了逆向物流的回收绩效,且 $0 \leqslant \tau \leqslant 1$。则产品平均成本为

$$c = C_m(1-\tau) + C_r\tau$$

假设制造商将产品销售给零售商的批发价为 $w$,零售商的边际成本为 $c_R$,零售商产品销售的单价为 $p$,$g_M$,$g_R$ 为由于未满足消费者需求而导致的制造商、零售商单件缺货损失,$v_M$,$v_R$ 为供应周期结束时制造商、零售商未销售产品的单件残值。

假设零售市场产品需求 $l$ 是连续型随机正态分布变量,且 $l \sim N(\mu, \sigma)$,其中 $\mu$

为均值，$\sigma$ 为标准差，其密度函数为 $\phi(l)$，分布函数为

$$F(a) = \int_0^a \phi(l)\mathrm{d}l, \quad (a > 0) \tag{10.1}$$

当订货量为 $q$ 时，实际销售量为 $\min[l,q]$。

假设 $\tau$ 为供应产品中由回收品制造占的比率，即 $\tau$ 为废旧产品回收率，$0 \leqslant \tau \leqslant 1$。产品回收率 $\tau$ 是投入在产品回收活动中的固定成本的凹函数，回收成本 $C(\tau)$ 是产品回收率 $\tau$ 的函数，由固定成本和变动成本组成，如果 $C_f$ 代表固定成本，则可以写成 $C_f = K\tau^2$。

变动成本 $C_v$ 表示为 $C_v = s \cdot \tau \cdot \min[l,q]$，其中 $s$ 为单位回收成本，$\tau \cdot \min[l,q]$ 是回收的废旧产品数量，回收成本是 $\tau$ 的函数，可表示为

$$C(\tau) = K\tau^2 + s \cdot \tau \cdot \min[l,q] \tag{10.2}$$

在零售商回收模式中，零售商首先通过其网络回收废旧产品，零售商回收废旧产品支付了成本，应从制造商处获得补偿，制造商为取得回收品，须向零售商支付相应费用，假设转让单价用 $b$ 表示。

假设 $\pi_M$、$\pi_R$ 表示无协调机制下制造商、零售商获得的利润，$\pi_M^c$、$\pi_R^c$ 表示具有协调机制下制造商、零售商获得的利润。

### 10.2.1　分散决策情形

在分散决策情形下，零售商和制造商是相对独立的个体，根据完全信息假设，零售商根据"个体理性"(individual rationality)原则决定自己的最优订购量。本章假设在分散决策模式下，制造商和零售商的关系为 Stackelberg 博弈关系，制造商为其中的领导者，即制造商首先向零售商提供产品批发价，然后零售商再根据制造商提供的价格及市场需求来确定自己的订购量。

在分散决策情形下，零售商的利润函数为

$$\pi_R = p \cdot \min[l,q] + v_R \cdot (q - \min[l,q]) - g_R \cdot (l - \min[l,q]) - c_R \cdot q - w \cdot q - (K\tau^2 + s \cdot \tau \cdot \min[l,q]) + b \cdot \tau \cdot \min[l,q] \tag{10.3}$$

零售商的利润期望值为

$$E[\pi_R] = p \cdot \left(\int_0^q l\phi(l)\mathrm{d}l + \int_q^\infty q\phi(l)\mathrm{d}l\right) + v_R \cdot \left[q - \left(\int_0^q l\phi(l)\mathrm{d}l + \int_q^\infty q\phi(l)\mathrm{d}l\right)\right] -$$
$$g_R \cdot \left[\mu - \left(\int_0^q l\phi(l)\mathrm{d}l + \int_q^\infty q\phi(l)\mathrm{d}l\right)\right] - c_R \cdot q - w \cdot q -$$
$$\left[K\tau^2 + s \cdot \tau \cdot \left(\int_0^q l\phi(l)\mathrm{d}l + \int_q^\infty q\phi(l)\mathrm{d}l\right)\right] + b \cdot \tau \cdot \left(\int_0^q l\phi(l)\mathrm{d}l + \int_q^\infty q\phi(l)\mathrm{d}l\right)$$
(10.4)

式(10.4)可化简为

$$E[\pi_R] = \left(\int_0^q l\phi(l)\mathrm{d}l + \int_q^\infty q\phi(l)\mathrm{d}l\right) \cdot (p + b \cdot \tau - s \cdot \tau +$$
$$g_R - v_R) + q \cdot v_R - c_R \cdot q - w \cdot q - K\tau^2 - g_R \cdot u \quad (10.5)$$

制造商的利润函数为

$$\pi_M = -g_M \cdot (l - \min[l,q]) - c \cdot q + w \cdot q - b \cdot \tau \cdot \min[l,q] \quad (10.6)$$

制造商的利润期望值为

$$E[\pi_M] = -g_M \cdot \left[u - \left(\int_0^q l\phi(l)\mathrm{d}l + \int_q^\infty q\phi(l)\mathrm{d}l\right)\right] -$$
$$c \cdot q + w \cdot q - b \cdot \tau \cdot \left(\int_0^q l\phi(l)\mathrm{d}l + \int_q^\infty q\phi(l)\mathrm{d}l\right) \quad (10.7)$$

式(10.7)可化简为

$$E[\pi_M] = -u \cdot g_M + q \cdot (-c + w) - \left(\int_0^q l\phi(l)\mathrm{d}l + \int_q^\infty q\phi(l)\mathrm{d}l\right)(b \cdot \tau - g_M)$$
(10.8)

由一阶条件 $\dfrac{\mathrm{d}E[\pi_R]}{\mathrm{d}q} = 0$ 可求得零售商利润期望最大化时的最优订货量 $q^*$，满足

$$\int_0^{q^*} \phi(l)\mathrm{d}l = 1 - \frac{c_R + w - v_R}{p + b \cdot \tau - s \cdot \tau + g_R - v_R} \quad (10.9)$$

即

$$F(q^*) = 1 - \frac{c_R + w - v_R}{p + b \cdot \tau - s \cdot \tau + g_R - v_R} \quad (10.10)$$

当零售商的订购量 $q$ 满足式(10.10)时，零售商获得最大利润期望值，最大利润期望值为

$$E[\pi_R]^* = \left(\int_0^{q^*} l\phi(l)\mathrm{d}l + \int_{q^*}^\infty q^*\phi(l)\mathrm{d}l\right) \cdot (p + b \cdot \tau - s \cdot \tau +$$

$$g_R - v_R) + q^* \cdot v_R - c_R \cdot q^* - w \cdot q^* - K\tau^2 - g_R \cdot u \qquad (10.11)$$

当零售商的订购量为 $q^*$ 时,制造商的利润期望值为

$$E[\pi_M] = -u \cdot g_M + q^* \cdot (-c + w) - \left(\int_0^{q^*} l\phi(l)\mathrm{d}l + \int_{q^*}^{\infty} q^*\phi(l)\mathrm{d}l\right)(b \cdot \tau - g_M)$$
$$(10.12)$$

由制造商及零售商组成的闭环供应链系统利润为

$$E[\pi_{MR}] = -q^* \cdot c + \left(\int_0^{q^*} l\phi(l)\mathrm{d}l + \int_{q^*}^{\infty} q^*\phi(l)\mathrm{d}l\right) \cdot (p - s \cdot \tau +$$
$$g_R - v_R + g_M) + q^* \cdot v_R - c_R \cdot q^* - K\tau^2 - g_R \cdot u - u \cdot g_M \qquad (10.13)$$

其中,$q^*$ 由式(10.10)决定。

## 10.2.2 集中决策情形

在集中决策下,制造商和零售商双方可以协商合作,假定制造商和零售商通过协调机制暂不考虑单个企业的利润最大化,而是从闭环供应链的整体利润角度出发,确定最优的订购量,以达到闭环供应链系统利润的最大化。

制造商和零售商组成的闭环供应链系统利润为

$$E[\pi_{MR}] = E[\pi_M] + E[\pi_R] = \left(\int_0^q l\phi(l)\mathrm{d}l + \int_q^{\infty} q\phi(l)\mathrm{d}l\right) \cdot (p - s \cdot \tau +$$
$$g_R + g_M - v_R) + q \cdot v_R - c_R \cdot q - c \cdot q - K\tau^2 - (g_R + g_M) \cdot u \qquad (10.14)$$

由一阶条件 $\dfrac{\mathrm{d}E[\pi_{MR}]}{\mathrm{d}q} = 0$,可求得闭环供应链系统利润期望最大化时最优的订货量 $q^*_{MR}$,满足

$$\int_0^{q^*_{MR}} \phi(l)\mathrm{d}l = 1 - \frac{c + c_R - v_R}{p - s \cdot \tau + g_R + g_M - v_R} \qquad (10.15)$$

即

$$F(q^*_{MR}) = 1 - \frac{c + c_R - v_R}{p - s \cdot \tau + g_R + g_M - v_R} \qquad (10.16)$$

这时由制造商及零售商组成的闭环供应链系统利润为

$$E[\pi^*_{MR}] = -q^*_{MR} \cdot c + \left(\int_0^{q^*_{MR}} l\phi(l)\mathrm{d}l + \int_{q^*_{MR}}^{\infty} q^*_{MR}\phi(l)\mathrm{d}l\right) \cdot (p - s \cdot \tau +$$
$$g_R - v_R + g_M) + q^*_{MR} \cdot v_R - c_R \cdot q^*_{MR} - K\tau^2 - g_R \cdot u - u \cdot g_M \qquad (10.17)$$

其中，$q_{MR}^*$ 由 $F(q_{MR}^*) = 1 - \dfrac{c + c_R - v_R}{p - s \cdot \tau + g_R + g_M - v_R}$ 决定。

**定理 10.1** 集中决策下，由制造商及零售商组成的闭环供应链整体最优利润期望 $E[\pi_{MR}^*]$ 优于分散决策下制造商及零售商的利润期望 $E[\pi_{MR}]$，同时集中决策下，零售商的产品订购量 $q_{MR}^*$ 大于分散决策下零售商的产品订购量 $q^*$。（证明略）

**推论 10.1** 由制造商及零售商组成的闭环供应链能够实现集中决策下的最优利润水平的必要条件是订购量 $q_{MR}$ 满足式(10.16)。

## 10.3 柔性订购契约

在分散决策下，制造商与零售商独自进行最优化决策，闭环供应链不可避免地存在着效率损失；而在集中决策下，零售商以固定量进行订货，则不能灵活应对市场的变化，容易造成损失，降低利润。

在柔性订购契约下，零售商可以根据市场需求的变化在一定范围内调整订购量。假设零售商承诺订购量最低为 $(1-\gamma)q_{MR}^*$，最高为 $q_{MR}^*$，$\gamma$ 可以被看作柔性契约的柔性度，$0 \leqslant \gamma \leqslant 1$。

当零售商发现市场需求 $l$ 满足 $l \leqslant (1-\gamma)q_{MR}^*$ 时，零售商的订购量为 $(1-\gamma)q_{MR}^*$，此时产品的销售剩余量为 $(1-\gamma)q_{MR}^* - l$，缺货损失为 0。零售商的利润为

$$\pi_{R1}^c = p \cdot l + v_R \cdot ((1-\gamma)q_{MR}^* - l) - c_R \cdot [(1-\gamma)q_{MR}^*] - w \cdot [(1-\gamma)q_{MR}^*] - (K\tau^2 + s \cdot \tau \cdot l) + b \cdot \tau \cdot l \tag{10.18}$$

制造商的利润为

$$\pi_{M1}^c = -c \cdot [(1-\gamma)q_{MR}^*] + w \cdot [(1-\gamma)q_{MR}^*] - b \cdot \tau \cdot l \tag{10.19}$$

当零售商发现市场需求 $l$ 满足 $(1-\gamma)q_{MR}^* < l \leqslant q_{MR}^*$ 时，零售商的订购量也为 $l$，这时制造商为满足零售商的订货需求，将生产量调整为 $q_{MR}^*$，在制造商一方产品的销售剩余量为 $q_{MR}^* - l$，缺货损失为 0。则零售商的利润为

$$\pi_{R2}^c = p \cdot l + w \cdot (q_{MR}^* - l) - c_R \cdot q_{MR}^* - w \cdot q_{MR}^* - (K\tau^2 + s \cdot \tau \cdot l) + b \cdot \tau \cdot l \tag{10.20}$$

制造商的利润为

$$\pi_{M2}^c = -c \cdot q_{MR}^* + w \cdot q_{MR}^* + (v_M - w) \cdot (q_{MR}^* - l) - b \cdot \tau \cdot l \quad (10.21)$$

当零售商发现市场需求 $l$ 满足 $q_{MR}^* < l$ 时,零售商的订购量为 $q_{MR}^*$,则产品的销售剩余量为 $0$,缺货为 $l - q_{MR}^*$。零售商的利润为

$$\pi_{R3}^c = p \cdot q_{MR}^* - g_R \cdot (l - q_{MR}^*) - c_R \cdot q_{MR}^* - w \cdot q_{MR}^* - (K\tau^2 + s \cdot \tau \cdot q_{MR}^*) + b \cdot \tau \cdot q_{MR}^* \quad (10.22)$$

制造商的利润为

$$\pi_{M3}^c = -g_M \cdot (l - q_{MR}^*) - c \cdot q_{MR}^* + w \cdot q_{MR}^* - b \cdot \tau \cdot q_{MR}^* \quad (10.23)$$

在柔性订购契约机制下,零售商的利润期望为

$$\begin{aligned}
E[\pi_R^c] = & \int_0^{(1-\gamma)q_{MR}^*} p \cdot l\phi(l)\mathrm{d}l + v_R \cdot \int_0^{(1-\gamma)q_{MR}^*} ((1-\gamma)q_{MR}^* - l) \cdot \phi(l)\mathrm{d}l - \\
& c_R \cdot (1-\gamma)q_{MR}^* \int_0^{(1-\gamma)q_{MR}^*} \phi(l)\mathrm{d}l - w \cdot (1-\gamma)q_{MR}^* \int_0^{(1-\gamma)q_{MR}^*} \phi(l)\mathrm{d}l - \\
& \left[K\tau^2 \int_0^{(1-\gamma)q_{MR}^*} \phi(l)\mathrm{d}l + s \cdot \tau \cdot \left(\int_0^{(1-\gamma)q_{MR}^*} l\phi(l)\mathrm{d}l\right)\right] + b \cdot \tau \cdot \left(\int_0^{(1-\gamma)q_{MR}^*} l\phi(l)\mathrm{d}l\right) + \\
& \int_{(1-\gamma)q_{MR}^*}^{q_{MR}^*} p \cdot l\phi(l)\mathrm{d}l + w \cdot \int_{(1-\gamma)q_{MR}^*}^{q_{MR}^*} (q_{MR}^* - l) \cdot \phi(l)\mathrm{d}l - \\
& c_R \cdot q_{MR}^* \int_{(1-\gamma)q_{MR}^*}^{q_{MR}^*} \phi(l)\mathrm{d}l - w \cdot q_{MR}^* \int_{(1-\gamma)q_{MR}^*}^{q_{MR}^*} \phi(l)\mathrm{d}l - \\
& \left[K\tau^2 \int_{(1-\gamma)q_{MR}^*}^{q_{MR}^*} \phi(l)\mathrm{d}l + s \cdot \tau \cdot \int_{(1-\gamma)q_{MR}^*}^{q_{MR}^*} l \cdot \phi(l)\mathrm{d}l\right] + b \cdot \tau \cdot \int_{(1-\gamma)q_{MR}^*}^{q_{MR}^*} l \cdot \phi(l)\mathrm{d}l + \\
& \int_{q_{MR}^*}^{\infty} p \cdot q_{MR}^* \phi(l)\mathrm{d}l - g_R \cdot \int_{q_{MR}^*}^{\infty} (l - q_{MR}^*) \cdot \phi(l)\mathrm{d}l - \\
& c_R \cdot q_{MR}^* \int_{q_{MR}^*}^{\infty} \phi(l)\mathrm{d}l - w \cdot q_{MR}^* \int_{q_{MR}^*}^{\infty} \phi(l)\mathrm{d}l - \left[K\tau^2 \int_{q_{MR}^*}^{\infty} \phi(l)\mathrm{d}l + \right. \\
& \left. s \cdot \tau \cdot \int_{q_{MR}^*}^{\infty} q_{MR}^* \cdot \phi(l)\mathrm{d}l\right] + b \cdot c \cdot \int_{q_{MR}^*}^{\infty} q_{MR}^* \cdot \phi(l)\mathrm{d}l
\end{aligned}$$
$$(10.24)$$

简化为

$$\begin{aligned}
E[\pi_R^c] = & (p + b \cdot \tau - s \cdot \tau) \cdot \left(\int_0^{q_{MR}^*} l\phi(l)\mathrm{d}l + \int_{q_{MR}^*}^{\infty} q_{MR}^* \phi(l)\mathrm{d}l\right) - \\
& g_R \cdot \int_{q_{MR}^*}^{\infty} (l - q_{MR}^*) \cdot \phi(l)\mathrm{d}l - c_R \cdot \left[q_{MR}^* - \gamma q_{MR}^* \int_0^{(1-\gamma)q_{MR}^*} \phi(l)\mathrm{d}l\right] +
\end{aligned}$$

$$v_R \cdot \int_0^{(1-\gamma)q_{MR}^*} ((1-\gamma)q_{MR}^* - l) \cdot \phi(l)\mathrm{d}l + w\Big[-q_{MR}^* \int_0^{(1-\gamma)q_{MR}^*} \phi(l)\mathrm{d}l -$$

$$\int_{(1-\gamma)q_{MR}^*}^{q_{MR}^*} l \cdot \phi(l)\mathrm{d}l - q_{MR}^* \int_{q_{MR}^*}^{\infty} \phi(l)\mathrm{d}l + \gamma \cdot q_{MR}^* \int_0^{(1-\gamma)q_{MR}^*} \phi(l)\mathrm{d}l\Big] - K\tau^2$$

(10.25)

制造商的利润期望为

$$E[\pi_M^c] = (w-c)\int_0^{(1-\gamma)q_{MR}^*} (1-\gamma)q_{MR}^* \cdot \phi(l)\mathrm{d}l - b \cdot \tau \cdot \int_0^{(1-\gamma)q_{MR}^*} l\phi(l)\mathrm{d}l +$$

$$(w-c)\int_{(1-\gamma)q_{MR}^*}^{q_{MR}^*} q_{MR}^* \phi(l)\mathrm{d}l + (v_M - w) \cdot \int_{(1-\gamma)q_{MR}^*}^{q_{MR}^*} (q_{MR}^* - l)\phi(l)\mathrm{d}l -$$

$$b \cdot \tau \cdot \Big(\int_{(1-\gamma)q_{MR}^*}^{q_{MR}^*} l\phi(l)\mathrm{d}l\Big) - g_M \cdot \int_{q_{MR}^*}^{\infty} (l - q_{MR}^*) \cdot \phi(l)\mathrm{d}l +$$

$$(w-c) \cdot \int_{q_{MR}^*}^{\infty} q_{MR}^* \phi(l)\mathrm{d}l - b \cdot \tau \cdot \int_{q_{MR}^*}^{\infty} q_{MR}^* \cdot \phi(l)\mathrm{d}l$$

(10.26)

可以简化为

$$E[\pi_M^c] = (w-c)\int_0^{(1-\gamma)q_{MR}^*} (1-\gamma)q_{MR}^* \cdot \phi(l)\mathrm{d}l + (w-c)$$

$$\int_{(1-\gamma)q_{MR}^*}^{\infty} q_{MR}^* \phi(l)\mathrm{d}l + (v_M - w) \cdot \int_{(1-\gamma)q_{MR}^*}^{q_{MR}^*} (q_{MR}^* - l)\phi(l)\mathrm{d}l -$$

$$g_M \cdot \int_{q_{MR}^*}^{\infty} (l - q_{MR}^*) \cdot \phi(l)\mathrm{d}l - b \cdot \tau \cdot \Big(\int_0^{q_{MR}^*} l\phi(l)\mathrm{d}l\Big) -$$

$$b \cdot \tau \cdot \int_{q_{MR}^*}^{\infty} q_{MR}^* \cdot \phi(l)\mathrm{d}l$$

(10.27)

由制造商及零售商组成的闭环供应链系统利润为

$$E[\pi_{MR}^c] = -(c + c_R) \cdot q_{MR}^* \Big(1 - \gamma \int_0^{(1-\gamma)q_{MR}^*} \phi(l)\mathrm{d}l\Big) +$$

$$v_M \cdot \int_{(1-\gamma)q_{MR}^*}^{q_{MR}^*} (q_{MR}^* - l)\phi(l)\mathrm{d}l - g_M \cdot \int_{q_{MR}^*}^{\infty} (l - q_{MR}^*) \cdot \phi(l)\mathrm{d}l -$$

$$g_R \cdot \int_{q_{MR}^*}^{\infty} (l - q_{MR}^*) \cdot \phi(l)\mathrm{d}l + (p - s \cdot \tau) \cdot \Big(\int_0^{q_{MR}^*} l\phi(l)\mathrm{d}l + \int_{q_{MR}^*}^{\infty} q_{MR}^* \phi(l)\mathrm{d}l\Big) +$$

$$v_R \cdot \int_0^{(1-\gamma)q_{MR}^*} ((1-\gamma)q_{MR}^* - l) \cdot \phi(l)\mathrm{d}l - K\tau^2$$

(10.28)

# 第 10 章 基于柔性订购契约的闭环供应链利润共享决策

**定理 10-2** 柔性订购契约机制可以提高闭环供应链系统的利润，即柔性订购契约机制下，由制造商、零售商组成的闭环供应链系统的利润 $E[\pi_{MR}^c]$ 优于集中决策情形下的闭环供应链系统利润 $E[\pi_{MR}^*]$。

**证明：**

$$E[\pi_{MR}^c] - E[\pi_{MR}^*] = (c + c_R) \cdot q_{MR}^* \left( \gamma \int_0^{(1-\gamma)q_{MR}^*} \phi(l) \mathrm{d}l \right) + v_M \cdot \int_{(1-\gamma)q_{MR}^*}^{q_{MR}^*} (q_{MR}^* - l) \phi(l) \mathrm{d}l + v_R \cdot \left( -\gamma q_{MR}^* \int_0^{(1-\gamma)q_{MR}^*} \cdot \phi(l) \mathrm{d}l + \int_{(1-\gamma)q_{MR}^*}^{q_{MR}^*} (l - q_{MR}^*) \cdot \phi(l) \mathrm{d}l \right)$$

当 $v_M \geqslant v_R$ 时，

$$E[\pi_{MR}^c] - E[\pi_{MR}^*] \geqslant (c + c_R) \cdot q_{MR}^* \left( \gamma \int_0^{(1-\gamma)q_{MR}^*} \phi(l) \mathrm{d}l \right) + v_M \cdot \int_{(1-\gamma)q_{MR}^*}^{q_{MR}^*} (q_{MR}^* - l) \phi(l) \mathrm{d}l + v_M \cdot \left( -\gamma q_{MR}^* \int_0^{(1-\gamma)q_{MR}^*} \cdot \phi(l) \mathrm{d}l + \int_{(1-\gamma)q_{MR}^*}^{q_{MR}^*} (l - q_{MR}^*) \cdot \phi(l) \mathrm{d}l \right)$$

$$= (c + c_R - v_M) \cdot q_{MR}^* \left( \gamma \int_0^{(1-\gamma)q_{MR}^*} \phi(l) \mathrm{d}l \right) \geqslant 0$$

当 $v_M < v_R$ 时，

$$E[\pi_{MR}^c] - E[\pi_{MR}^*] \geqslant (c + c_R) \cdot q_{MR}^* \left( \gamma \int_0^{(1-\gamma)q_{MR}^*} \phi(l) \mathrm{d}l \right) + v_R \cdot \int_{(1-\gamma)q_{MR}^*}^{q_{MR}^*} (q_{MR}^* - l) \phi(l) \mathrm{d}l + v_R \cdot \left( -\gamma q_{MR}^* \int_0^{(1-\gamma)q_{MR}^*} \cdot \phi(l) \mathrm{d}l + \int_{(1-\gamma)q_{MR}^*}^{q_{MR}^*} (l - q_{MR}^*) \cdot \phi(l) \mathrm{d}l \right) = (c + c_R - v_R) \cdot q_{MR}^* \left( \gamma \int_0^{(1-\gamma)q_{MR}^*} \phi(l) \mathrm{d}l \right) \geqslant 0$$

又因 $c + c_R > v_R$，$c + c_R > v_M$，即 $E[\pi_{MR}^c] - E[\pi_{MR}^*] \geqslant 0$，定理 10-2 得证。

## 10.4 利润协调机制

由式(10.25)、(10.27)可得，在柔性订购契约下，随着 $\gamma$ 的变化，制造商及零售商的利润相应发生变化，要使得利润协调机制能够顺利实施，必须保证制造商及零

售商的利润不低于闭环供应链分散决策情形下的利润。即,必须满足下列两个条件:

$$E[\pi_R^c] \geqslant E[\pi_R] \mid_{F(q^*)=1-\frac{c_R+w-v_R}{p+b\cdot\tau-s\cdot\tau+g_R-v_R}} \quad (10.29)$$

$$E[\pi_M^c] \geqslant E[\pi_M] \mid_{F(q^*)=1-\frac{c_R+w-v_R}{p+b\cdot\tau-s\cdot\tau+g_R-v_R}} \quad (10.30)$$

因此,$\gamma$ 的取值范围为

$$\left\{\gamma \mid E[\pi_M^c] \geqslant E[\pi_M] \mid_{F(q^*)=1-\frac{c_R+w-v_R}{p+b\cdot\tau-s\cdot\tau+g_R-v_R}},\right.$$

$$\left. E[\pi_R^c] \geqslant E[\pi_R] \mid_{F(q^*)=1-\frac{c_R+w-v_R}{p+b\cdot\tau-s\cdot\tau+g_R-v_R}}, \quad 0<\gamma<1 \right\} \quad (10.31)$$

由定理10.1和推论10.1,通过闭环供应链参与成员制造商及零售商间的集中决策实现了闭环供应链系统的利润最大化。由定理10-2,柔性订购契约机制的实施,使得闭环供应链的订购量能够根据市场的变化而进行一定程度的调整,减少了闭环供应链系统的损失,闭环供应链系统的利润期望 $E[\pi_{MR}^c]$ 得到提高。式(10.29)、(10.30)展示了闭环供应链成员参与协调的利润机制满足的条件,在具有柔性订购契约的利润协调机制下,闭环供应链系统参与成员制造商与零售商的利润状况较分散决策情形都得到改善,即保证了任何一方的利润不低于闭环供应链分散决策情形下的利润,从而没有参与成员有打破均衡状态的动机。

## 10.5 算例分析

为了进一步验证文中结论,下面采用算例进行分析说明。设完全用原材料生产新产品的单位成本 $C_m=10$,回收品的零部件生产新产品的单位成本 $C_r=8$,$K=50$,单位回收成本 $s=0.1$,$\tau=0.4$,转让单价 $b=0.15$,则平均生产成本 $c=9.2$。设制造商将产品销售给零售商的批发单价为 $w=16$,零售商的边际成本为每件 $c_R=1$,零售商产品销售的单价 $p=20$,假设制造商、零售商的单件缺货损失分别为 $g_M=0.5$、$g_R=0.5$,供应周期结束时未销售产品的单件残值 $v_M=2$、$v_R=2$。设零售市场产品需求 $l \sim N(\mu,\sigma)$,其中均值 $\mu=1\,000$,标准差 $\sigma=50$。

由式(10.10)、(10.11)、(10.12)和(10.13),运用 Mathematica 5.2 可求得分散决策下最优订购量 $q^*=956.12$ 及零售商获得的最大利润期望值为 $E[\pi_R]^*=$

2 760.66，制造商的利润期望值为 $E[\pi_M]=6\,419.99$，制造商与零售商组成的闭环供应链系统利润为 $E[\pi_{MR}]=9\,180.65$。

同理可求得集中决策下最优订购量 $q_{MR}^*=1\,008.50$ 及制造商与零售商组成的闭环供应链系统利润为 $E[\pi_{MR}^*]=9\,379.23$。在具有柔性订购的协调机制下，当 $\gamma=0.1$ 时，零售商获得的最大利润期望值为 $E[\pi_R^c]=2\,925.65$，制造商的利润期望值为 $E[\pi_M^c]=6\,480.36$，制造商与零售商组成的闭环供应链系统利润为 $E[\pi_{MR}^c]=9\,406.00$。可知，当 $\gamma=0.1$ 时，在具有柔性订购的集中决策协调机制下，制造商与零售商组成的闭环供应链系统利润比无柔性订购集中决策下的系统利润大，同时制造商与零售商在具有柔性订购的集中决策协调机制下获得的利润大于其在分散决策情形中获得的利润。$\pi_{MR}^c$、$\pi_{MR}^*$、$\pi_M^c$、$\pi_M$、$\pi_R^c$ 和 $\pi_R^*$ 随柔性度 $\gamma$ 变化的趋势如图 10.1 所示。

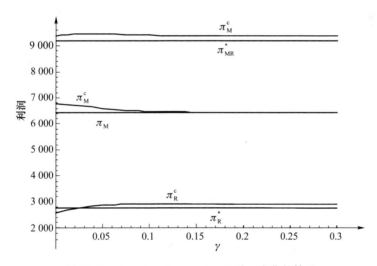

图 10.1 $\pi_{MR}^c$、$\pi_{MR}^*$、$\pi_M^c$、$\pi_M$、$\pi_R^c$、$\pi_R^*$ 随 $\gamma$ 变化的情况

运用 Mathematica 工具求解，结合图 10.1，可求得当 $\gamma\geqslant 0.025$ 时，式(10.29)、(10.30)成立，即在具有柔性订购的集中决策协调机制下，当 $\gamma\geqslant 0.025$ 时，制造商与零售商的利润状况都可以得到改善；$\gamma\in[0.025,1)$ 即为制造商与零售商的谈判空间，$\gamma$ 值增大零售商订货量的变化幅度随着增大，而且制造商与零售商的预期利润也随之发生变化。不同 $\gamma$ 条件下的闭环供应链系统利润期望、零售商利润期望、制造商利润期望如表 10.1 所示，反映柔性契约的柔性度。

表10.1 不同γ条件下的闭环供应链系统利润期望、零售商利润期望和制造商利润期望

| 利润期望 | γ值 | | | | | | |
|---|---|---|---|---|---|---|---|
| | 0.04 | 0.06 | 0.08 | 0.10 | 0.12 | 0.14 | 0.16 |
| 零售商利润期望/万元 | 2 830.66 | 2 886.28 | 2 913.95 | 2 925.65 | 2 929.77 | 2 930.95 | 2 931.21 |
| 制造商利润期望/万元 | 6 635.29 | 6 566.95 | 6 514.52 | 6 480.36 | 6 461.58 | 6 452.89 | 6 449.50 |
| 闭环供应链系统利润期望/万元 | 9 465.94 | 9 453.23 | 9 428.47 | 9 406.01 | 9 391.35 | 9 383.84 | 9 380.71 |

由图10.1和表10.1可知,当$\gamma \geqslant 0.025$时,在具有柔性订购的集中决策下,制造商与零售商的预期利润都比分散决策情形下的预期利润高,并且零售商利润期望随着γ值的增加而呈增加趋势,制造商利润期望随着γ值的增加而呈降低趋势,本算例中$\gamma \in [0.025,1)$即为制造商与零售商的利润协调的谈判空间。这些分析结果都与前述理论结论相一致。

# 参 考 文 献

[1] 李旭.考虑回购价格和努力因素的数量柔性契约模型及应用研究[D].沈阳:东北大学,2015.

[2] 严盈盈.物流技术创新对供应链柔性的影响研究[J].科学技术创新,2021(25):155-156.

[3] 吴群,唐亚辉,李梦晓,等.物流技术创新对供应链柔性的影响:一个有调节的中介模型[J].管理评论,2020,32(11):270-281.

[4] 柴亚光,李芃萱.考虑储备周期的应急物资柔性采购模型[J].管理学报,2021,18(07):1068-1075.

[5] 扈衷权,田军,冯耕中.基于数量柔性契约的双源应急物资采购定价模型[J].中国管理科学,2019,27(12):100-112.

[6] LIU F, SONG J S, TONG J D. Building Supply Chain Resilience through Virtual Stockpile Pooling[J]. Production and Operations Management, 2016, 25(10): 1745-1762.

[7] 刘阳,田军,冯耕中.基于数量柔性契约与 Markov 链的应急物资采购模型[J].系统工程理论与实践,2020,40(01):119-133.

[8] 张琳,田军,杨瑞娜,等.数量柔性契约中的应急物资采购定价策略研究[J].系统工程理论与实践,2016,36(10):2590-2600.

# 第 11 章 青岛天盾闭环供应链运作模式案例分析

## 11.1 青岛天盾简介

青岛天盾橡胶有限公司成立于 1999 年,是集海洋橡胶制品(橡胶护舷)、橡胶轮胎(专用工程轮胎)专业设计、生产、销售于一体和具备"双向物流"理念的工业企业,是中国橡胶护舷最大的专业生产企业之一,也是中国国内橡胶护舷出口量最大企业之一。由于我国对循环经济发展的持续关注,早在 2011 年青岛天盾橡胶有限公司就与山东金宇轮胎有限公司合作开发出"废旧特种工程轮胎高值化再制造成套技术装备与应用技术",并获得山东省科技进步一等奖。之后,青岛天盾作为橡胶轮胎行业的环保产业领跑者,在轮胎制造的设计源头融入了循环经济的理念,创新了轮胎的再制造技术与工艺。通过提高港机轮胎的翻新率,从而达到了从旧轮胎中"掘金"的目的,同时也承担起了资源再利用这一社会责任。

在再制造及翻新轮胎的推广方面,青岛天盾从 2006 年发展至今,不仅在我国的 10 余座港口开展了轮胎的翻新和再利用服务,而且成功将再制造轮胎出口至新加坡等国。在橡胶轮胎的再制造领域,青岛天盾在不断研发和创新再制造技术这一基础上,充分建立和完善了再制造产品的服务中心,力求达到一站式全程安装与服务的要求,从而彻底打消客户使用再制造翻新轮胎时在产品质量和售后服务方面的顾虑。通过对橡胶轮胎翻新与再制造近十年的研究与生产,青岛天盾已积累了充分的资源再利用经验,未来仍将继续完善研发中心的建设,在提高企业自身利润的同时也为我国橡胶行业的循环经济建设做出贡献。

本章以青岛天盾橡胶有限公司为分析对象,以调查研究该公司发展背景及发展状况为基础,对其近十年所调整的企业主生产线做了深入分析,概括总结了该企业所构建的闭环生产模式和再制造产品销售模式。本章还进一步归纳了青岛天盾在闭环生产模式下取得成功的两个关键要素,即通过不断创新研发所取得的再制造技术以及良好的战略合作关系。青岛天盾所取得的成功将为再制造行业提供重要的可行性指导建议。

## 11.2 青岛天盾闭环供应链运作模式

为了深入分析青岛天盾在橡胶行业的闭环供应链模式及再制造机制,首先以青岛天盾的企业生产结构、产品回收模式及已取得的企业利润和承担的社会责任为切入点,系统地探讨青岛天盾的闭环供应链运作模式。

### 11.2.1 青岛天盾闭环生产结构模型

由于我国天然橡胶资源的匮乏以及每年大批废旧轮胎的产生,青岛天盾决定打造资源循环利用的闭环轮胎生产系统。作为我国橡胶轮胎行业的领跑者,青岛天盾在建立这一闭环供应链系统时发现,尽管每年产生的废旧轮胎数量可观,但能够用于翻新再制造的却寥寥无几。因此,青岛天盾闭环体系的建设要从新轮胎技术开发到废旧轮胎的回收,再到翻新轮胎的再制造。整个体系包括了企业的全部产业链,以达到资源再利用最大化和经济增长的目的。

青岛天盾生产结构模型如图 11.1 所示。青岛天盾闭环生产结构的构建主要包括不可翻新新轮胎制造、可翻新新轮胎制造和翻新再制造轮胎三条主生产线。天盾通过调研发现,在可供翻新的旧轮胎中大部分属于国外进口,而国产胎源严重不足,这无疑会增加企业的再制造成本。因此,天盾通过轮胎制造技术的研发,划分出以上三条主生产线。在新轮胎达到使用年限之后,根据轮胎自身特性(可翻

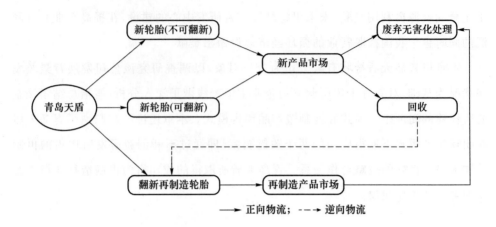

图 11.1 青岛天盾闭环生产结构模型

新/不可翻新),分别进行企业自行回收和交由第三方进行废弃的无害化处理。针对回收后的可翻新废旧轮胎,企业将通过再制造技术对轮胎进行翻新,并在需求市场中进行二次销售。青岛天盾凭借已有的销售渠道,将再制造的翻新轮胎投入合作港口试用,并通过搜集使用数据对再制造技术进行了进一步的完善。目前由天盾制造的翻新轮胎已远销海外,并受到了广泛好评。综上所述,青岛天盾这一闭环生产结构的建立,不仅确保了用于再制造的废旧胎源,还降低了企业对于天然橡胶资源的需求,在扩大橡胶轮胎市场占有率的同时,肩负起了节约资源、促进循环经济发展的重要责任。

### 11.2.2 青岛天盾再制造产品销售模式

(1) 与下游企业合作,不断提高自身再制造产品质量

废旧电器产品、废旧轮胎等再生资源的回收利用虽早已呼吁多年,但由于废旧产品第三方回收成本高、且产品质量良莠不齐,再加之消费者对于再制造产品质量问题存在顾虑,因此鲜有制造企业在再制造这一领域有突出的表现。青岛天盾在这一严峻的现实情况下,率先提出与行业下游的大型企业建立长期合作关系,从产品推广方面降低了再制造风险。

青岛天盾为了落实闭环生产制造模式,与神华物资集团有限公司建立合作关系。该公司主要承担物资的采购、仓储与配送业务,在国内各大港口均存在业务关

系。天盾正是看中神华物资具有稳定的胎源和消费市场,能够降低再制造这一过程中的风险。天盾负责再制造大型轮胎的研发与技术投入,神华物资则将再制造生产出的巨型轮胎投入试用;在随后的试用过程中,天盾负责检测轮胎使用情况并搜集相关数据,以便进一步对再制造过程进行优化。通过一段时间的磨合与改进,神华集团下属煤矿一年内在购置巨型轮胎上节省了2.2亿元。与此同时,青岛天盾在这一过程中已形成了一套较为成熟的轮胎翻新再制造技术流程,其生产能耗也较之前有所下降。可以说,在两大企业的这一合作中,通过生产再制造达到了"双赢"的局面。未来,青岛天盾还将继续积极探索闭环供应链的生产、销售模式,不断创新再制造业务模式。

(2) 建立4S体系,实施全过程服务

在轮胎再制造领域,我国暂时没有明确的管理条例及标准,导致部分制造企业面临有技术、有成品却没有市场的尴尬处境。青岛天盾为打开这一市场突破口,以天盾再制造技术研发中心为主体,大力在全国范围内推广,建立了上海、天津、广州三个大型服务中心分别负责华东、华北、华南大区,并进一步在全国范围内设立了地区授权服务网点,以全面建立翻新再制造轮胎的市场销售、售后跟踪、技术保障、数据反馈的一站式4S服务体系。该体系涵盖了对企业进行废旧轮胎的回收、针对性翻新再制造,直至最终指导安装的整个服务过程。

青岛天盾之所以建立这一服务体系,就是为从再制造产品的去向上打开销路,在销售初期取得客户对再制造产品及其服务的信赖,最终提高消费者对再制造翻新轮胎的接受度。天盾的这一推广理念已初具成效,通过与上海港务局下属公司的合作在上海设点,以方便、快捷地对翻新再制造轮胎进行维修服务。除此之外,天盾为保证再制造翻新技术的有效利用及产品质量,进一步探索建立了"有条件加盟"这一生产管理模式,通过天盾集中配送,各加盟商分散管理的模式来打开销路。这样,一方面可以保证再制造产品的质量,另一方面利用各加盟商的稳定客源来保证产品的市场占有率。这一模式的有效实施,将会改变目前轮胎再制造领域缺乏市场竞争秩序的乱象,无论是天盾还是加盟商,都会在再制造这一领域分得一杯羹。

## 11.3 青岛天盾闭环生产决策成功原因分析

### 11.3.1 注重研发,完善再制造生产技术

青岛天盾早在 2005 年就发现,对于企业业务范围内的港口大型轮胎,不仅用户普遍反映这种轮胎价格较高,而且由于高负荷的工作量轮胎往往使用寿命较短,废弃率较一般轮胎高。正是这一契机使天盾敏锐地意识到,在未来的几年中这将是一个巨大的商机。因此,天盾凭借自身强大的生产技术优势,开始投身于轮胎翻新再制造技术的研发。

天盾对于再制造技术的开发不是只限于翻新这一步骤的生产研究,而是从产品的设计源头着手进行生产技术的改造,研发可用于翻新的轮胎制造技术。当时,很多企业不愿投入大量的资金与技术进行如此全面的前期开发,天盾却认为虽然这种可供翻新的轮胎首次制造成本和研发成本略高,但在再制造翻新环节会提供质量稳定的胎源,不仅减少了天然橡胶资源的使用,而且生产能耗也会大大降低,从而能够利用价格优势占据一定的需求市场份额。因此,天盾通过与青岛科技大学以及上海国际港务集团合作,建立研发中心,成功研发出"注射环状预硫化胎面"这一世界领先技术,有效解决了传统轮胎废弃时出现脱层、鼓包等现象而导致的无法翻新再制造问题。天盾并没有止步于技术的研究,相反,还进一步加大了研究资源的投入,继续研发可用于工业产业化的再制造翻新设备。这一技术投入使得我国在轮胎再制造翻新方面可以不再依赖从国外进口的设备,真正拥有了属于自己的自主知识产权。

此外,受到米其林轮胎 4 倍寿命理念的启发,青岛天盾在更新率较大的港机轮胎制造技术中力求研发出能够达到 3 次以上翻新要求的轮胎生产技术。通过技术研发,在轮胎的强度方面、复合气密性方面、脱层鼓包方面均作出了制造技术的调整,从而为再制造阶段提供合格率较高的废弃胎源。虽然目前这一生产技术只是进行小规模的试验生产,但天盾仍在不断通过合作港口试用数据的反馈情况进行

技术完善,相信在不久的将来,这一生产技术也将能够在轮胎行业进行大规模推广,提高我国废弃轮胎的再利用率。

综上所述,青岛天盾在轮胎制造和再制造方面非常注重技术的研发,通过不断创新来进一步完善生产技术以实现再制造产业化。随着我国对轮胎再制造的重视程度越来越高,相信在未来的发展中,青岛天盾将继续深化这一技术的开发,领跑我国轮胎再制造的发展。

## 11.3.2 战略合作,联手神华集团开拓市场

青岛天盾虽然在轮胎翻新再制造方面有着成熟的生产技术,但是在再制造轮胎的推广初期其效果却不尽如人意。一方面,青岛天盾橡胶有限公司的主要客户群是港口等工业制造企业,其橡胶轮胎也主要用于工业设备,一旦翻新轮胎出现问题,企业将承担停工所带来的经济损失及较高的安全风险。因此,很多制造企业根本不会采用再制造产品;另一方面,由于我国对再制造轮胎没有指定统一的检测标准,所以一部分再制造企业为了眼前利润而忽视再制造轮胎的胎源和成品质量问题。再制造产品竞争市场秩序的混乱,也导致一部分积极的再制造产品用户逐渐对其失去信心。

神华集团的物资公司作为世界最大的煤矿企业,其每年的设备购置就要花费300亿元。为积极响应国家发展循环经济的号召,企业决定将再制造产品列入其采购战略中。青岛天盾在得知此情况之后,积极与神华物资集团寻求合作机会,推广再制造翻新轮胎。很快,两家企业达成战略合作共识:青岛天盾主要负责再制造翻新轮胎技术及设备的研发和成品的生产,神华集团则主要负责对翻新轮胎进行试用以提供使用数据,并提出改进建议。与神华集团的合作为天盾再制造轮胎的发展提供了一个广阔的市场平台,获取的大量翻新轮胎在实际使用中的各项指标数据也为天盾继续改进再制造生产技术提供了有力的支撑。

有效的战略合作为两家企业提升了利润空间。就神华集团准格尔能源有限公司使用的再制造轮胎发动机来说,其运行时间已达到与新轮胎相同的标准,但其价格仅为新轮胎的35%。在后来的几年中,神华集团还将再制造巨型轮胎投入其煤矿产业中使用。如此与青岛天盾合作使用翻新轮胎,每年单巨型轮胎就可节约

2.2~3.2亿元。与此同时,天盾也借助神华物资集团的大力支持与合作,其巨型轮胎的再制造技术已通过国家多项专利技术,再制造生产流程也取得了飞快进展。

近年来,我国几大重要港口的迅速发展使得巨型轮胎的需求量大大提高,而基于再制造翻新轮胎的价格优势,其未来必将具有广阔的发展前景。青岛天盾通过与神华集团积极进行战略合作,凭借这一平台将再制造巨型轮胎迅速在全行业推广。相信在今后的发展中,这种战略合作模式将推动轮胎再制造技术的不断发展,再制造产品的需求市场也将迎来属于自己的"春天"。

## 11.4 青岛天盾案例的借鉴意义

随着我国对循环经济发展的重视逐步提高,政府对于再制造产业的日益重视,再制造行业在未来将有着广阔的发展前景。目前,已有很多企业意识到这一问题的重要性,开始构建闭环供应链再制造系统。在这一发展趋势下,青岛天盾的成功案例将为制造企业提供有价值的发展经验。

### 11.4.1 闭环生产结构模式,提高企业利润空间

在再制造产品还未进入主流产品市场时,青岛天盾就敏锐地发现了对废弃轮胎进行翻新再制造所带来的巨大利润空间,并结合企业自身的实际情况,开始了再制造翻新轮胎的研发与试用。

青岛天盾将其生产线调整为不可翻新新轮胎的制造、可翻新新轮胎的制造和废弃轮胎的翻新再制造这三条主线,并将再制造这一生产线设定为长期发展项目。在建立闭环生产结构模式之后,通过技术、设备研发以及与大型下游企业的战略合作,天盾形成了成熟的再制造生产流程与翻新轮胎的推广渠道,而这一模式在轮胎制造行业已获得认可,并得以推广。轮胎翻新所带来的经济利益是巨大的,天盾每翻新一条废弃轮胎所使用的天然橡胶量是生产新胎的 $15\%\sim30\%$,所需的生产能源消耗仅为新胎的 $20\%\sim30\%$。目前,我国每年废旧轮胎的翻新率还不足 $7\%$,因此在未来的发展中再制造轮胎仍有很大的利润空间。天盾正是通过构建闭环生产

结构模式成功打开了翻新轮胎的市场,迅速成长为轮胎再制造行业的领跑者。

2016年制定的《中国轮胎循环利用行业"十三五"发展规划》中指出,到2020年载重轮胎翻新率达到35%,巨型轮胎翻新率达到40%,轿车轮胎翻新率达到5%。目前,废弃轮胎的回收已经逐步形成较为系统的体系,再制造轮胎也逐步扩大其市场占有率。在此情形下,青岛天盾的闭环生产结构模式仍在行业内具有重要的参考价值。

### 11.4.2 资源再利用模式,迎合可持续发展

我国将发展循环经济、绿色环保产业写入了十三五规划纲要,并大力发展节能环保的新兴产业以落实科学的发展观。针对国家这一具体政策的引导,一向具有前瞻性和敏锐洞察力的青岛天盾,早在公司的主营业务中增加了再制造轮胎这一拓展领域。

在闭环生产系统中,天盾通过生产可供翻新的新轮胎来确保天然橡胶资源能够进行二次利用。由于购买可供翻新轮胎的费用略高于普通轮胎,天盾与客户建立起4S服务体系,即在轮胎到达使用年限时天盾对这一废旧轮胎进行回收并翻新再制造,最后再进行指导安装,其费用将远低于客户重新购置新轮胎。这一服务体系提高了轮胎回收再利用率,同时也降低了客户购买轮胎的成本。此外,针对我国轮胎再制造行业存在没有明确标准、没有明确检验流程等问题,废旧轮胎资源不能有效再利用,天盾还进一步形成了"集中配送,分散管理"的集中化再制造生产管理模式,从而确保了资源的高效再利用以及翻新轮胎的质量保障。

鉴于"十二五"期间我国经济迅速发展,无论是环境的承载能力还是资源能源的高效利用都经受了一定的考验。青岛天盾通过努力推动制造企业建立合理的闭环生产模式有效缓解了这一问题,并通过资源再利用模式实现了我国的可持续发展。

# 第12章 桑德企业再制造闭环供应链协调和激励机制案例分析

## 12.1 桑德简介

启迪桑德环境资源股份有限公司是深圳主板上市公司,主营业务涉及固体废弃物处置系统集成及特定区域市政供水、污水处理项目的投资运营服务。目前,公司拥有在职员工2 000多人,总资产70多亿,总市值100多亿,是中国环保产业的领跑者。多年来,公司陆续获得"固废行业十大影响力企业""上市公司中国成长百强""金牛上市公司百强"等荣誉称号。以"改善地球环境,提高人类生存质量,开启美好生活"为企业愿景的桑德,是一家专业的第三方回收处理公司。公司自成立以来便致力于环保事业,经过多年发展,桑德在城市固废、污水、清洁能源、环境修复等多个事业领域均有所建树,拥有完善的产业链条,打造了一套从回收到再制造的完整的闭环系统。

在资源回收方面,公司积极布局城乡环卫一体化及再生资源回收利用等市场领域,从全产业链和多业务领域布局再生资源回收道路,深度开发万亿规模回收市场。而在再制造领域,公司在成熟的固废处理业务基础上升级产业架构,从传统生活垃圾和电子汽车废弃产品两方面发展再制造产业。经历了20年多的发展,启迪桑德凭借其雄厚的资金实力及科研实力成为多个细分市场的领头羊。未来,启迪桑德将持续创新,与时俱进,朝着一流的综合环境服务商的目标迈进。

本章以桑德环境资源股份有限公司为例,分析了桑德闭环供应链的运作模式,归纳了桑德回收成功的原因,即:灵活的协调机制、全面的激励机制。在此基础上,本章提出了桑德案例的借鉴意义,即 BOT 模式、委托代理运营、"互联网+"模式、迎合时代发展等。

## 12.2　桑德闭环供应链运作模式分析

为了深度探讨桑德企业在闭环回收领域的协调和激励机制,本节从分析桑德所采用的闭环生产结构模型、处理模式及已取得的经济效益和社会效益入手,深度探讨桑德回收的企业运作模式。

### 12.2.1　桑德闭环生产结构模型

从回收到再制造,打造全方面的闭环体系是桑德构建循环社会经济体系的方式方法。作为国内少有的综合环境服务商,桑德的闭环体系从前期的全渠道回收到中期的分类运营管理,再到后期的专业化再制造,桑德创建的闭环模型涵盖全产业链,全力挖掘生产生活中的再生资源和废旧产品价值潜力。公司的闭环生产结构模型如下图 12.1 所示。

桑德闭环生产结构的构建主要分前期回收——中期处理——后期再造三个环节。其中,前期回收工作秉承着全渠道、多品类的原则,线上线下双管齐下,对城市固废、餐厨垃圾、危险废物、报废汽车、电子垃圾等多类废旧产品进行精确化回收。针对不同回收品的自身特性,公司依托完备的基设实力和先进的技术理念对其分类处理,或利用生物手段获取资源,或利用物理手段拆解重塑,部分无法进入闭环再造环节的废品则通过科学的焚烧填埋方式,进行清洁化处理。而针对闭环体系的末端环节——再制造工程,公司通过借力已有的专业化再制造公司,以外延式并购的方式,在华中、华北控股 7 家废旧家电处理企业,掌握了废弃电子产品和危险废弃物的处理技术和处理资质,合计年处理量超过 930 万台。此外,在湖南、湖北,公司另建立了 2 家汽车拆解子公司,用于布局废旧汽车发展。概括而言,桑德这套

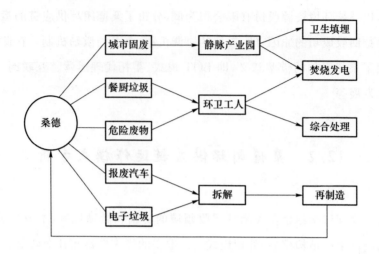

图 12.1 桑德闭环生产结构模型

闭环模型的构建,确保了公司信息流、物流与资金流在全产业链中的顺畅流通,助力公司转型升级为"大平台闭环回收"公司,高维度切入市场,俨然成为我国循环经济的领军企业。

## 12.2.2 桑德闭环回收模式

### 1. 线下回收,城乡环卫一体化

生活垃圾分类回收虽然呼吁多年,但由于分类回收的清运成本较高,单独成立回收站点既需要前期投入又拉长了回收时间,故鲜有第三方回收企业在该领域有出色表现。桑德率先提出城乡环卫一体化方案,创新性地介入环卫体系,从人力资本方面降低前期投入。

为了彻底落实城乡环卫一体化项目,公司成立了北京桑德新环卫投资有限公司,子公司依托桑德环境的雄厚实力和强力支持,在北京城乡各集散点设立配套的环卫设施、垃圾中转站和运输车辆等,以便完成整个回收系统的废旧品分类处理。整个项目以"村收集、镇转运、县市集中处理"的路径进行。为政府合作方提供环卫、废旧物资回收等领域的投资、研发、咨询、设计、建设、运营、设备等"一站式"服务。介入城乡环卫一体化业务以来,北京桑德新环卫投资有限公司通过推行智能作业模式,实现环卫作业的机械化和信息化联动,公司陆续签约湖北宜昌市、河北宁晋县、湖南永兴县等环卫项目,迅速成为行业内有竞争力的环卫公司。桑德专注于再生资源的分类回收,公司正和城市环体系深度融合,实现"两网合一",以此打造国内最大的、集生活垃圾和再生资源分类回收于一体的网络体系。此外,启迪桑德新环卫正进一步拓展环卫市场,不断探索创新业务模式,以先进高效的回收办法结合市场化的经营模式,积极探索生活固废领域闭环回收方案。

**2. 线上回收,"互联网+"分类创新模式**

尽管传统的回收办法依旧在资源回收体系中占据主导地位,但与时俱进的桑德环境却清醒地认识到,互联网与再生资源产业有机结合才是产业转型升级的必由之路。

2015年6月,桑德环境全资子公司北京新易资源科技有限公司所运营维护的"易再生"网站正式上线并提供相关服务,作为桑德集团在互联网领域的第一张牌,"易回收"上线之初即打出了全国领先回收数码产品服务商的口号,通过网站、手机应用、微信公众号等互联网窗口向用户发布回收信息。凭借回收商竞家系统向用户提供高于市场均价的回收价,使得各类电子废弃产品得到正规回收处理。"易回收"主要是针对手机、电源等小型电子产品进行回收。公司还在废纸、报废汽车、废旧家电等领域拓宽业务层面,占领回收领域各细分市场,借助互联网和移动互联网打造物流闭环、信息闭环、生产闭环的全新再生资源生态圈。现如今,各类线上回收网站如雨后春笋般涌现出来,"易回收"还是凭借其回收价格高、回收速度快、保护隐私和无欺诈安全保证的4项优势,在互联网回收领域拥有一席之地。面对市场化的竞争和互联网时代崭新的运营模式,桑德不断转变营运理念,将互联网精神和闭环理念深度融合,寻求新的发展。

## 12.2.3 桑德闭环处理模式

**1. 分类处理,优化闭环下游产业**

桑德环保主要有固废处理、能源利用、再生资源、设备制造,及有机农业等多个事业领域。不同领域污染废弃物性质不同,导致其处理方式也各有不同。为了优化闭环系统下游环节,合理的利用回收资源,科学地进行再制造,桑德对不同事业领域有着针对性的处理方案。固废处理是桑德环境的主营业务,公司自成立以来一直探索固废领域的先进处理办法。对于普通生活固废垃圾,桑德首先对其进行破碎、分选的预处理;对塑料、金属进行回收利用;对工业生产的炉渣、化学污水进行滤液处理和综合利用;对飞灰进行固化填埋;对剩余垃圾进行合理填埋。

在固废处理日渐成熟的基础上,桑德还积极探索能源利用领域。对于回收获取的不可拆解再用的生活垃圾和生物质资源,桑德统一采取焚烧发电的方式对其进行处理。目前,桑德旗下拥有山东德州市生活垃圾焚烧、重庆市开县生活垃圾焚烧、湘潭市生活垃圾焚烧、河北邢台巨鹿县生活垃圾焚烧、山东临沂临朐县生活垃圾卫生填埋及焚烧5个子项目,这些项目在缓解农村秸秆野外焚烧产生的烟气污染问题的同时,为当地的电力资源提供了有力保障。

除了固废处理和能源利用,桑德在其他事业领域也各有积极运营的子项目,比如,在再生资源领域,桑德主要运营废旧轮胎再生橡胶和报废汽车资源再利用的综合项目。桑德独家获得湖北省商务厅颁发的报废汽车回收(拆解)企业资格认定书,集中处理咸宁市报废汽车回收和拆解、二手零部件交易和废钢加工、废旧轮胎再生橡胶等工作。而在生态农业领域,桑德利用农林废弃物厌氧消化及沼气,形成"农业废弃物—厌氧发酵资源化—生态农业"的良性处理系统,可最大限度减少有害污染物的直接排放,使农业废弃物实现资源化利用,实现项目周边区域的环境综合治理。桑德对不同事业领域的分类处理,提升了处理质量和处理效率,优化了闭环系统下游产业链。

**2. 集成整合,建立综合环保产业园**

无论是固废,污水还是电子废弃物,桑德在每个环保领域都有显著成果。目前,桑德致力于打造综合环保产业园,将不同领域的环保技术结合起来,全面提升业务整合能力。一个城市的固废处理是一个系统的工程,需要运用各项技术对所有废品进行综合集成处理。若要负责城市综合的环保项目,桑德就必须提升自身在环保治理方面的综合能力,提升不同领域治理方法的协同能力。具体来讲,即建立综合的大型静脉产业园,把城市发展水平和地域位置相近的几个城市的所有固废集中处理,形成一个循环经济产业链,或一个完整的闭环系统。我国城市固废回收领域的小企业众多,但处理技术落后,通过这些渠道回收的固废垃圾不能得到妥善处理。桑德综合环保产业园的建立率先改变了这一局面,园区内先进的处理设备和高效的循环系统针对各类回收废品进行专业化处理,用焚烧发电、拆卸再造、沼气池和卫生填埋等多项清洁处理方式应对城市垃圾;以集约化和规范化的管理替代小作坊式的低效高耗能处理,将废品回收和再造结合起来,引领区域产业发展,推动区域经济转型升级,从而实现闭环系统的最终目的——资源高效利用和合理配置。

## 12.3 桑德回收成功原因分析

### 12.3.1 灵活的协调机制

**1. 委托代理,发展市政合作项目**

桑德集团的业务覆盖水务、固废处理、环卫、再生资源、新能源、生态农业等多个领域。成熟发展后,公司为各地政府、企业、乡镇、农村提供个性化、一体化的水务、固废及新能源解决方案,承担大、小环境系统建设项目超过 800 个。

由于桑德拥有集设计、建设、运营于一体的完整产业链,故许多市政单位都以委托代理的形式与桑德达成闭环建设协议。其中,最为瞩目的是 2010 年与湖南省湘潭市政府合作建立的湖南湘潭静脉产业园,该生态工业园将传统的"资源-产品-废弃物"线性经济模式转变为"资源-产品-再生资源"闭环经济模式,将相邻地区各类固废产品进行统一回收处理,打破了区域和业务分割,开创了区域固废和资源综合利用园区化综合处理的新模式。该模式已在异地复制成功。2015 年 6 月,桑德与山东省临沂市兰陵县政府签订了长达 30 年的特许经营协议,在项目期限内承担兰陵县生活垃圾焚烧发电项目,且独家处理兰陵县境内的生活垃圾,兰陵县政府以支付生活垃圾处理补贴费的方式与桑德形成委托代理关系。

此外,桑德与德州市人民政府合作的德州市城市生活垃圾焚烧发电项目,采用循环流化床焚烧工艺,年发电量1亿度,减少了德州市90%的生活垃圾填埋量,促进了德州市城市循环经济的发展。公司在巨鹿县落成的生活垃圾焚烧发电项目,总投资为10.2亿元人民币,建立了生物发电、餐厨处理、循环用水、节能焚烧等多个环保项目,其落成从根本上转变了巨鹿县的经济成长模式和城市环境发展模式。2012年,公司与开县合作生活垃圾焚烧发电项目,利用城市生活垃圾焚烧处理、城市餐厨垃圾厌氧发酵技术发电,自此开辟了国内城市废弃物综合处置新模式。

综上,桑德以委托代理合作形式与全国多家市政单位达成环保项目合作,承接了单个或综合的闭环回收工作。随着技术的发展,桑德在传统回收路径的基础上开辟了新型的"互联网+回收"办法,利用移动互联网和大数据等新技术,为政府制定合理的垃圾分类政策提供决策依据,相信在未来,桑德与市政的合作范畴将进一步得到深化。

**2. 战略合作,联手清华共拓资源**

除了自身谋求发展,桑德也积极地寻找实力强劲的合作伙伴,共拓资源再生之路。2015年4月,清华控股和桑德集团在发展战略层面进行合作,清华控股旗下以启迪科技服务集团为主的4家公司以战略投资人的身份,受让了桑德集团持有的29.8%的股份,成为桑德环境第一大股东。此次合作被业内称为"改革开放以来中国环境市场最大的交易案"。桑德环境是国内闭环回收领域的领先企业,其寻求的合作对象也有着强大的实力背景。作为国务院批准、出资设立的国有独资有限责任公司,清华控股依托清华大学强大的科研实力与雄厚的人才优势,走产学研一体化的发展道路,在闭环回收领域,有着先进的管理理念,专业的技术背景以及丰富的业务来源。据业内人士声称,此次并购将是中国循环经济发展的重要节点,对环保产业的技术创新和产业升级有着巨大的推动作用。清华控股在资源、资金、品牌方面的优势加上桑德环境20年来在团队、口碑、技术方面的优势,打开了新的资源再生格局。

### 12.3.2 全面的激励机制

再制造闭环系统建立过程中,消费者回收意识薄弱始终是困扰回收方的一大难点,创建刺激消费者参与闭环建设的激励机制是桑德这类专业第三方回收公司的关键问题。面对这一局面,长期致力于城市固废回收处理的桑德在多年的实践中,总结出了一套系统而全面的回收激励办法。

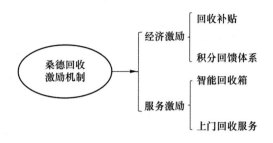

图12.2 桑德回收激励机制

如图12.2所示,为了实施全面的回收激励办法,启迪桑德创建了桑德回收联盟,联盟的回收部采用"经济激励+服务激励"的激励模式,双管齐下促进闭环前端回收工作的开展。

在经济激励方面,桑德主要采用回收补贴和以旧换新的激励办法对用户的废弃电子、汽车类产品进行回收。借助互联网移动支付技术,公司可以方便地对废旧产品的回收价格进行实时裁定和便捷支付。在实际的回收场景中,用户将家中的生活垃圾分类打包,再在专用的垃圾袋上标贴特定的二维码,使用App、微信预约上门等回收服务,足不出户坐享便捷回收服务。回收完成后,公司会根据回收品的价值、重量给予用户相应的积分。用户可以凭借积分在公司的线上积分商城换购实用的生活物品。这种科学的积分兑换措施使得桑德的经济激励能科学有效地作用于用户,促使其加入桑德闭环体系。

在服务激励方面,联盟的智能回收箱为用户省去了繁杂的分类过程和耗时的比价过程。简单的投递和扫码就能让消费者轻松参与智能回收体系,而便捷的上门回收服务更是大大提高了用户参与智能闭环回收的积极性,从根本上改变了人们处理生活垃圾的习惯和理念。这样的举措比西方普遍的定期回收和免费邮寄等服务性激励措施更具有灵变性,是顺应移动互联网时代的创新性服务激励。

## 12.4 桑德案例的借鉴意义

由于政府的日益重视,国家投入力度的日益加大,环保行业面临良好的发展前景,许多公司纷纷投身到闭环供应链体系建设中。在这一形势下,桑德的成功无疑为这些新型公司提供了有价值的参考。

### 12.4.1 BOT 模式,委托代理运营

在环保行业还未进入主流视线时,桑德环境就敏锐地发现了废品回收再造市场所蕴含的巨大潜力。并据此,做出了由市场引导环保事业的大胆设想。

桑德将公司的主营业务——固废处理和回收再造设立为长期的规模化的市场项目。公司在与政府签订特许权协议之后,独立地承担各项环保回收项目,等到项目运作成熟之后再将其交还给政府,这个模式称为"BOT 模式"(建设—运营—移交)。在 BOT 模式下,地方政府作为项目发起人向社会招标,中标的环保公司可以通过设立子公司的方式与政府签订协议,获得废品回收再造项目的投资、建设和运营权。由于这一模式与各地市政府打造环境友好型城市的理念相吻合,故而迅速获得政府的认可和推广,桑德环境用这个模式成功打开了市场,快速成长为中国环保回收领域的领头羊。

2010 年,国务院发表的《加快培育和发展战略性新兴产业的决定》,将环保产业列为重点支持的七大战略性新兴产业之首。自此,专业人士预计,环保产业在往后的 15~20 年里都将保持高速发展,年产值复合增长率有望达到 15%~20%,中国将成为世界最大的环保产业市场之一。这就意味着,大量以废品回收、排污净化为主导业务的公司会进入再生资源领域,进一步激活市场,在此情境下,桑德的"BOT 模式"从资本运作层面和经营模式层面都具有参考价值。

### 12.4.2 "互联网+"模式,迎合时代发展

国家发展和改革委员会印发的《2015 年循环经济推进计划》要求推动和引导再生资源回收模式创新,探索"互联网+回收"的模式及路径,积极支持智能回收、自动回收机等新型回收方式的发展。面对这一政策引导,一向具有前瞻性的桑德,早在自身主营业务产业链中布局了"互联网+"。

在闭环系统中的固废回收环节,桑德推出易回收再生资源电子商务运营系统,

以其科学性、完整性和实用性,在"互联网+"再生资源回收利用方面取得了初步成效,实现了废品回收线上预约及线下回收服务功能,开启了再生资源回收移动互联时代。此外,除了易回收再生资源电子商务运营系统,在环卫领域,桑德还发布了桑德环卫云平台,对环卫作业、垃圾分类收集进行智能化管理,使管理的可靠性、稳定性、快捷性获得全面提升。

无论是易回收再生资源电子商务运营系统还是桑德环卫云平台,其构建的初衷都是通过互联网技术创新服务模式,在回收便利化、服务具体化方向发力。"互联网+"分类回收是一条创新的回收道路,敢为人先的桑德在回收前期,主要是靠自有资金和政府补贴进行运营;后期,桑德利用互联网宽平台、广连接的特点迅速拓展业务层并获取新的用户资源,不仅是与大企业、政府合作,互联网时代的桑德还发动每一位具有环保理念的消费者参与到闭环回收的事业中来。

# 第 13 章 总结与展望

## 13.1 研究工作的回顾与结论

闭环供应链是由不同利益主体构成的合作型系统,各个子系统是在考虑自身利益最大化的基础上接受的合作,那么如何协调不同利益主体之间的利益就成为闭环供应链的一个重要问题。因此,对闭环供应链的利润共享决策进行研究具有重要的理论意义和实际意义。

本书把闭环供应链作为一个系统来研究,重点从多个方面研究了闭环供应链利润共享决策:具有随机需求和缺货损失的闭环供应链利润共享决策、基于 Nash 协商模型和回购契约的闭环供应链系统利润共享决策、柔性订购契约下的闭环供应链系统利润共享决策以及零售价格竞争环境下的闭环供应链回收模式决策等。

本书的主要工作体现在以下几方面。

(1) 建立了初始投入相同、回收量随回收价呈非线性变化的优化模型,通过对求解结果的分析,得出回收量与企业利润并非同步增长的结论。在此基础上,本书又进一步讨论了初始投入系数存在差异的情况,并对比分析了差异较小和差异较大情形下各参与方的利润值以及利润分配情况,比较结果将使企业对回收渠道的选择增加新的认识。

(2) 在寡头垄断市场竞争环境下,通过两阶段的不同市场环境,即从第一阶段只存在制造商生产新产品到第二阶段制造商与再制造商同时存在,引发新产品、存在质量差异的再制造产品 a 和再制造产品 b 之间的竞争情形。通过博弈论的相关知识与拉格朗日乘子法对问题进行研究,在此基础上,进一步对参数在假设范围内具体赋值仿真,讨论制造商和再制造商的最优生产计划。

(3) 假设了产品的两个阶段:第一阶段制造商只生产新产品提供给零售商进行销售;第二阶段通过对第一阶段所产生的废旧产品/问题产品的回收再利用,制造商将同时生产的新产品和再制造产品提供给零售商以满足市场需求,并且新产品对再制造产品具有替代性。通过分别对第一阶段和第二阶段利用博弈论和存储论的原理进行建模,便可以从制造商两阶段再制造混合生产的角度,对新产品与再制造产品间的替代性进行研究。分别构建制造商在两阶段的定价和生产计划模型,并通过数值分析论述产品替代性参数对新产品和再制造产品定价、生产量等的影响。

(4) 研究了基于单一制造商、单一零售商或者单一制造商、单一零售商、单一第三方构成的闭环供应链系统的产品定价和协调机制问题,给出了相应的定价策略及利润协调机制。通过对无协调机制和有协调机制的比较、分析,发现:当存在闭环供应链系统参与成员共同可接受的利益协调机制时,各方联合定价将带来最优结果。

(5) 研究在零售商回收模式的闭环供应链中,在随机需求条件下,考虑缺货给制造商、零售商造成损失的情况下,由制造商、零售商组成的闭环供应链系统决策模型,并讨论闭环供应链系统的利润共享决策。

(6) 研究随机需求条件下,具有回购契约的单一制造商和单一零售商组成闭环供应链系统的利润共享决策。探讨建立闭环供应链系统优化模型,通过对制造商、零售商的最优订购量、最优回购价格的求解,基于 Nash 协商模型建立闭环供应链系统利润共享决策,以实现成员间利润协调。

(7) 将正向供应链研究的柔性订购推广到闭环供应链。研究零售商回收模式下,由一个制造商和一个零售商构成的闭环供应链中,零售商根据与制造商的约定,构建具有一定的柔性订购机制的闭环供应链系统的利润协调模型及协调机制。本书中的柔性订购,是指闭环供应链系统中的零售商能够根据与制造商的事先约定,根据市场需求的变化情况,在一定范围内调整产品的订购量。

(8) 以青岛天盾橡胶有限公司为分析对象,以调查研究该公司发展背景及发展状况为基础,对其近十年所调整的企业主生产线做了深入分析,概括总结了企业所构建的闭环生产模式,以及再制造产品销售模式;进一步归纳了青岛天盾在闭环生产模式下取得成功的两个关键要素,即通过不断创新研发所取得的再制造技术以及良好的战略合作关系。

(9) 以桑德企业为分析对象,深度探讨桑德企业在闭环回收领域的协调和激励机制:首先,从分析桑德所采用的闭环生产结构模型、处理模式及已取得的经济效益和社会效益入手,深度探讨桑德回收的企业运作模式;其次,探讨桑德企业回收成功原因,以期为新型公司提供有价值的参考。

## 13.2 研究工作的展望

虽然本书对闭环供应链的利润共享决策和回收模式决策进行了较为深入的研究,但闭环供应链结构和运作机制还有不少问题有待进一步探讨,主要包括以下3个方面:

(1) 零售价格竞争环境下的闭环供应链利润共享决策。本书主要研究了含有单一零售商、单一制造商、单一第三方的闭环供应链的利润共享决策,并对零售价格竞争环境下的闭环供应链制造商回收模式决策进行了研究。在此研究基础上,可以进一步研究当闭环供应链中多个零售商存在价格竞争时的闭环供应链利润共享决策。

(2) 闭环供应链不确定性问题研究,即鲁棒策略设计问题。在闭环供应链系统中,其运作环境比传统供应链系统复杂得多,不确定性表现得更加突出,如消费者何时将产品退回是难以确定的,回收的废旧产品的数量、质量、再使用的价值等是不确定的,废旧产品的回收方式、回收途径是多样的,等。可以进一步研究使闭环供应链系统具备良好的鲁棒性的方法,从而使闭环供应链具备良好的抵御内在和外来干扰的能力,进一步提高闭环供应链运作的稳定性。

(3) 闭环供应链运作优化集成研究。从运作管理的角度看,闭环供应链运作研究主要包括生产计划的制订、分销渠道的选择和设计、再制造过程的控制、参与成员的选择、绩效评价、闭环供应链成员间的协调和协作以及服务管理,等等。闭环供应链中的前向生产计划与控制必须与逆向产品流相结合,并将其作为制造商和零售商战略的一部分。进一步优化集成闭环供应链运作的各个环节是闭环供应链研究的重要方向。